Paleo-aktueel 29

Met de jaarlijkse uitgave van *Paleo-aktueel* geven de medewerkers en studenten van het Groninger Instituut voor Archeologie inzicht in een deel van het lopende onderzoek van het instituut.

Aan dit nummer werkten mee: Marjolein Admiraal, Peter Attema, Merit Hondelink, Angelique Kaspers, Gilles de Langen, Martijn van Leusen, Elisabeth van 't Lindenhout, Johan Nicolay, Annet Nieuwhof, Bert Nijboer, Daan Raemaekers, Karla de Roest, Mans Schepers & Karen de Vries.

Redactie: Flip Kramer (coördinatie), Elisabeth van 't Lindenhout & Daan Raemaekers
Vormgeving en omslagontwerp: Siebe Boersma
Correctie Engelse samenvattingen: Xandra Bardet

Foto omslag: Het bedekken van House Stork met riet (foto Y. de Raaff). Zie artikel De Raaff.

ISBN 9789492444769
ISSN 1572-6622

Website: www.paleo-aktueel.nl

Adres van de redactie
Rijksuniversiteit Groningen
Groninger Instituut voor Archeologie (GIA)
Poststraat 6 9712 ER Groningen
Tel.: 050 363 6712
gia@rug.nl

Adres van de uitgever
Barkhuis Publishing
Kooiweg 38 9761 GL Eelde
Tel. 050 3080936 fax 050 3080934
info@barkhuis.nl www.barkhuis.nl

© GIA. Inlichtingen:
www.rug.nl/let/onderzoek/onderzoekinstituten/gia/publications

Paleo-aktueel 29

Rijksuniversiteit Groningen / Groninger Instituut voor Archeologie (GIA)
University of Groningen / Groningen Institute of Archaeology
& Barkhuis Publishing
Groningen, 2018

Inhoud

HOUSE STORK. DE RECONSTRUCTIE VAN EEN MESOLITHISCHE HUT
Yannick de Raaff — 1

DE EERSTE RESULTATEN VAN DE VELDSURVEY IN AYIOS VASILIOS (LACONIË, GRIEKENLAND)
Corien Wiersma — 11

WAAR DE DODEN WOONDEN. DE SAMENHANG TUSSEN DE LOCATIES VAN LAAT-PREHISTORISCHE URNENVELDEN EN NEDERZETTINGEN
Nynke de Boer — 19

Q130: SURVEYS OP HET TERREIN VAN EEN HELLENISTISCHE EN ROMEINSE BOERDERIJ IN ZUID-ITALIË
Martijn van Leusen & Neeltje Oome — 27

CROPMARKS IN HET TIBERDAL: ONDERZOEK NAAR GEBRUIK EN BEWONING VAN DE TIBERVALLEI NABIJ CRUSTUMERIUM IN DE ROMEINSE TIJD
Tom Trienen & Peter Attema — 35

EEN GEHOORKAPSEL VAN EEN GRIJZE WALVIS (*ESCHRICHTIUS ROBUSTUS*) UIT WIJSTER (DR.)
Wietske Prummel, Lisette de Vries, Frits Laarman & Youri van den Hurk — 43

EEN VONDST VAN GROOT BELANG: DE BOOT VAN BRITSUM (FR.)
Annet Nieuwhof & André van Holk — 51

DE VENDELHELM UIT HALLUM: EEN EXPERIMENTELE RECONSTRUCTIE
Johan Nicolay & Sebastiaan Pelsmaeker — 61

ETHNOARCHEOLOGIE IN NOORD-CANADA: HOE KLIMAATVERANDERING EN KOLONIALISME DE TRADITIONELE MANIER VAN LEVEN VAN DE INUIT HEBBEN BEÏNVLOED VAN 1300 N.CHR. TOT NU
Sean P.A. Desjardins — 71

UITPUTTEND ONDERZOEK. DE ONTDEKKING VAN EEN VERGETEN 19[DE]-EEUWSE WELPUT TE BOAZUM (FR.)
Yftinus van Popta & Remco Bronkhorst — 77

WAT DE YESSER NONNEN ATEN: VOEDSELCONSUMPTIE IN EEN CISTERCIENZER NONNENKLOOSTER TE ESSEN, GRONINGEN
Morvenna van Rijn, Francis Koolstra & Stijn Arnoldussen — 85

AARDEWERK VAN KLOOSTER YESSE: SOBER OF CHIC?
Fardau Mulder   95

AAN TAFEL IN HET OUDE MANNENHUIS TE DELFT
Merit Hondelink   103

ARCHEOLOGIE IN MUSEA: EEN PASSEND VERLEDEN VOOR DE SAMI?
Mathilde van den Berg   115

House Stork. De reconstructie van een mesolithische hut

Yannick de Raaff[1]

De Steentijd van Nederland is recentelijk een stukje zichtbaarder geworden. In de zomer van 2017 heeft een groep archeologiestudenten van de Rijksuniversiteit Groningen op het terrein van Prehistorische Nederzetting Swifterkamp een hut uit het Laat-Mesolithicum gereconstrueerd (6500 – 5200/4400 cal BP). Het heeft de liefkozende naam *House Stork* gekregen (fig. 1). De reconstructie is een interpretatie van de vermeende hutplattegronden van Bergumermeer S-64B, Friesland (Newell 1980). In dit artikel bespreek ik de achtergrond van het project, het bouwproces, enkele observaties met betrekking tot materiaalgebruik en de hoeveelheid arbeid die de bouw heeft gevergd. Als laatste behandel ik de mogelijkheden voor verder onderzoek en hoe dit project zal worden voorgezet in de zomer van 2018.

(Wetenschappelijke) achtergrond

De laatste decennia zijn in Nederland verschillende mesolithische hutten gereconstueerd, allemaal losjes gebaseerd op de hutten van Bergumermeer (fig. 2). Deze hutplattegronden zijn opgegraven door Raymond Newell (BAI) in de jaren 70. Dat over de reconstructies nog niet eerder een verslag is verschenen is betreurenswaardig, omdat de kennis die hiermee is opgedaan daardoor niet vrij toegankelijk is. Dit gemis is grotendeels verklaarbaar doordat de bouw van deze constructies niet werd ondernomen – zoals ook vaak buiten Nederland gebeurt – vanuit academische interesse, maar voor publieke consumptie, in archeologische openluchtmusea (Karl 2010). Het herhaaldelijk bouwen heeft wel gezorgd voor een *best practice*, gebaseerd op ervaring, logica, vertrouwdheid met geschikte en beschikbare materialen en technieken, al dan niet zonder strikt de afmetingen van de archeologische plattegronden in acht te nemen. De oudste hut op het terrein van Archeon staat na zo'n negentien jaar nog altijd fier overeind.

Ook de aanleiding tot de bouw van *House Stork* was niet puur academisch. Het initiatief werd genomen door de beheerder van het Swifterkamp, Martin Vlot. Hij vroeg twaalf studenten om hun geluk te beproeven met een reconstructie op zijn terrein. Het Swifterkamp kon zo een stukje bekendheid verwerven en een nieuwe locatie krijgen waar de bezoekers van het kamp onderwezen konden worden over de Prehistorie. Voor de studenten vormde dit project een eerste kennismaking met de experimentele archeologie, een subdiscipline die geen vast onderdeel is van het curriculum in Groningen. Het was een mooie kans om de neuzen uit de boeken te halen en een gevoel te krijgen bij het werken met het soort materialen dat in de Prehistorie voor handen was. Voor een uitgebreide literatuurstudie met betrekking tot de pijnpunten en kennislacunes van het bouwen van mesolithische hutten was de voorbereidingstijd helaas te kort. Daarnaast hebben de studenten voorafgaand aan de bouw weinig vergelijkend onderzoek kunnen doen naar overige reconstructies in binnen- en buitenland. Het contextualiseren is daarom naderhand gedaan. Bovendien hebben we niet vanuit de archeologische data een reconstructie gemaakt, maar hebben we gekozen voor het maken van een variant op de reconstructie van een Bergumermeer hut die het Swifterkamp reeds siert.

Gezien het voorgaande zijn er de nodige opmerkingen te maken met betrekking tot de wetenschappelijk insteek van dit project. Toch

Fig. 1. Deze familie ooievaars kijkt al ongeveer een jaar neer op *House Stork*. De naam van de reconstructie is dan ook een verwijzing naar haar opzichters maar ook naar de naam van een bekende familie uit de populaire serie *A Game of Thrones*, genaamd *House Stark*.

zijn er mijns inziens wel degelijk enkele interessante observaties gedaan, ondanks het ontbreken van vooraf opgezette, testbare hypotheses. Deze reconstructie moet dan ook vooral gezien worden als een voorstudie naar het doen van onderzoek naar mesolithische hutten. Deze voorstudie heeft vele vragen opgeroepen, vragen die op dit moment ingebed worden in het wetenschappelijk debat. Dit stelt ons in staat om het project uit te breiden met een tweede reconstructie waarbij we gebruik maken van wetenschappelijk verantwoorde methodes. Overigens kan het bouwen van een variant op eerdere reconstructies ook interessante inzichten opleveren. De archeologische data is namelijk verre van eenduidig en laat veel ruimte voor interpretatie, met name op het gebied van constructietechnieken en materiaalgebruik. Het is dan ook van belang het onzekere te visualiseren en niet hetgeen dat wij al met enige zekerheid weten. Alleen meerdere reconstructies van eenzelfde plattegrond – daarbij bewust de onzekere aspecten testend – kunnen de volledige verscheidenheid aan mogelijkheden in beeld brengen (Karl 2010). Daarom is bij onze pilotstudie al

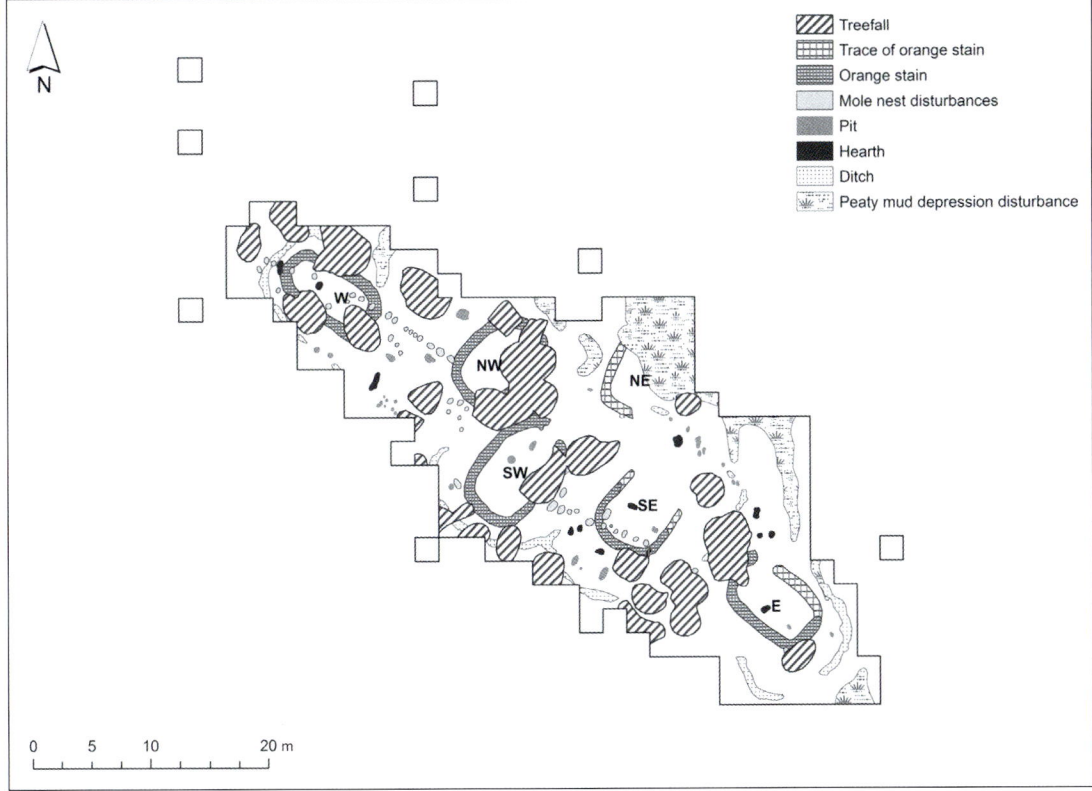

Fig.2. Gedigitaliseerde opgravingsplattegrond. De hutten zijn gemarkeerd met de afkortingen W, NW, SW, NE, SE en E (tekening C. Luinge (Niekus *et al.* 2018, figuur 5, naar Newell (1980, figuur 3) en Casparie en Bosch (1995, figuur 1)).

bewust gebruik gemaakt van andere materialen. Deze aanpak dwong bijvoorbeeld tot een andere manier van rietdekken en stelde ons in staat reconstructies te vergelijken.

Ontwerp, gereedschappen, materialen, documentatie

Zoals eerder aangegeven is de reconstructie in essentie gebaseerd op de hutplattegronden gevonden bij Bergumermeer S-64B. Dit complex bestaat uit vijf of zes hoefijzervormige, oranje verkleuringen in de grond. Ze zijn gemiddeld 7,7 m lang en 4,6 m breed, met een gemiddeld vloeroppervlak van 30,9 m² (Newell 1980; Niekus *et al.* 2018: 949). De vondst van deze nederzetting uit het Laat-Mesolithicum is van grote invloed geweest op het heersende beeld van deze periode in Nederland. Op basis hiervan zijn bijvoorbeeld hypotheses opgesteld over nederzettingspatronen, maar ook demografie, economie, sedentarisme en chronologie. De opgraving heeft zonder twijfel ook een grote invloed gehad op de publieke perceptie van het Mesolithicum.

Sinds de jaren 80 is er een aanzienlijke hoeveelheid reconstructies van Bergumermeer hutten gebouwd. De allereerste reconstructie is gebouwd in het Archeon door onder andere Marjo Kraaieveld, Hans de Haas en Anton van den Heuvel. Daar staan er momenteel twee, maar in het verleden hebben hier nog drie reconstructies gestaan. Buitencentrum Wilhelminaoord heeft er ook twee, waarvan de nieuwste zo'n twee jaar geleden gebouwd is. Op Swifterkamp staan er momenteel, nu *House Stork* gebouwd is, ook drie. Eén van deze hutten heeft een oudere vervangen, die in vlammen is opgegaan. Gedurende een leefexperiment in Horsterwold zijn twee hutten gebouwd (Olthof & Pomstra 2006) en enkele jaren geleden is er ook een reconstructie gebouwd op het terrein van het Hunebedcentrum in Borger. Bij de meeste reconstructies heeft prehistorisch bouwer Leo Wolterbeek een grote rol gespeeld. De interpretatie van archeologische data was niet leidend. Er lijkt met name gekeken te zijn naar de ruwe afmetingen en de vorm. Op basis daarvan – en de beschikbare materialen – is er geëxperimenteerd met een *mogelijke* en *logische* constructie die gebouwd kon worden met mesolithische gereedschappen.

In 2013 heeft dr Gregorz Osipowicz op het terrein van de Nicolaus Copernicus University in Torún een vergelijkbare reconstructie gebouwd. Deze was gebaseerd op opgravingen in Polen, waar verspreidingen van vuursteen vaak geïnterpreteerd worden als interne begrenzingen van hutstructuren. Deze hebben vaak een ovale vorm en zijn ongeveer 5 bij 4 m groot (Osipowicz *et al.* 2015). Het lijkt waarschijnlijk dat de technieken die ontwikkeld zijn bij de bouw van de Bergumermeer hutten ook hier toegepast zijn. De gelijkenissen zijn zonder meer opvallend te noemen.

Er is gekozen om bij de bouw van *House Stork* geen gebruik te maken van replica's van mesolithische gereedschappen. In de eerste plaats omdat wij niet de middelen hadden om deze te maken en/of aan te schaffen en in de tweede plaats omdat de gereedschappen gebruikt zouden moeten worden om vragen te beantwoorden, anders is het niets meer dan vrij aanrommelen. Specifieke vragen omtrent het gebruik van dergelijke gereedschappen hadden wij niet. Het was voor ons bijvoorbeeld niet mogelijk om uitgebreid gebruikssporen-analyse te doen, zoals wel gebeurd is bij de reconstructie van het neolithische *Vlaardingenhuis* door archeologen van de Universiteit Leiden (Pomstra & Van Gijn 2013). In plaats daarvan hebben we 'gewone', moderne gereedschappen gebruikt, zoals een zeis voor het oogsten van riet, een kettingzaag voor het kappen van hazelaar en een tractor met een platte kar (ca. 4 bij 2 m) om het materiaal te vervoeren.

Voor het materiaal waren we grotendeels afhankelijk van wat er in Natuurpark Lelystad voorhanden was. Gelukkig waren in het Laat-Mesolithicum grotendeels dezelfde natuurlijke materialen aanwezig. Zo hebben we een grote hoeveelheid hazelaar geoogst, bij benadering één platte kar vol. Daaruit selecteerden we naderhand voor elk constructie-element een tak met de juiste lengte, dikte en buigzaamheid. Ook riet was ruim voorhanden in het park, waarvan ongeveer zes, geheel gevulde, platte karren zijn gebruikt. Touw kochten we in een bouwmarkt, al hebben we tijdens de bouwweek ook geoefend met het maken van touw van brandnetelvezels. Eikenhouten palen waren voorradig op Swifterkamp. Alle stappen van het bouwproces zijn gedocumenteerd met foto's.

Het bouwproces

Voordat de studenten arriveerden, had de beheerder van het park al een beschikbare locatie uitgezocht, dichtbij het water maar wel hooggelegen en beschut, omringd door bomen en bosjes. De eikenhouten paaltjes van ongeveer een meter in lengte werden in vieren gespleten. Er is gekozen voor een plattegrond die kleiner is dan die van de Bergumermeer hutten, met een omvang van ongeveer 4 bij 2,5 m. In zeven dagen leek het onmogelijk voor onervaren bouwers om de werkelijke afmetingen aan te houden en om de bouw binnen de beschikbare tijd te voltooien.

De eerste stap was de constructie van het geraamte. De palen werden uitgelegd in de vorm van een ovaal, met ongeveer 50 cm tussen elk exemplaar. De palen werden tot een diepte van een halve meter de grond in geslagen. Hierna werd een verband gecreëerd tussen de palen door vlechtwerk van dunne, buigzame hazelaartakken aan te brengen. Vervolgens werden twee lange, relatief stugge hazelaartakken over de lengte van de hut geplaatst. Deze werden tussen het vlechtwerk geplaatst en met touw stevig vastgebonden. Vanaf de lange zijden van de hut werd een

House Stork. **De reconstructie van een mesolithische hut**

Fig. 3. Het geraamte van *House Stork*. Ondanks het gebruik van veel relatief dunne, buigzame hazelaartakken vormt het een bijzonder stevig geheel.

aantal stevige hazelaartakken naar deze hoofdas gebracht. Samen vormde dit de basis van de koepel. Daarna werden flexibelere hazelaartakken gebruikt om het geraamte stevigheid te geven. De uitgekozen takken vormden bogen, de eerste boog beginnend vanaf paal één en eindigend bij paal drie, en de tweede boog werd geleid vanaf paal twee naar paal vier etc. Op deze manier werd aan het hele geraamte met bogen kracht gegeven. De takken zijn op alle punten waar zij elkaar kruisen vastgebonden met touw. Tot slot werden horizontale 'rietlatten' met touw vastgemaakt aan de buitenkant van het geheel, op ongeveer 25 cm afstand van elkaar. Hieromheen zou later het riet worden gevouwen. Verder werd er een doorgang gemaakt. Hiervoor werd een eikenpaaltje weggelaten, wat een opening opleverde van ongeveer een meter breed. Om te voorkomen dat de binnenkant van de hut nat zou worden hebben we ervoor gekozen om een afdakje te maken boven de ingang, vergelijkbaar met de reconstructie in Dithmarshen (D) (Pfeifer 2015). Ook hebben we, in navolging van andere Bergumermeer reconstructies een rookgat gemaakt met een overhangend deel, om inregenen te voorkomen.

Het resultaat was een bijzonder sterk geraamte (fig. 3). Dat was zo krachtig door het gebruik van de bogen en de vele kruisverbindingen. Doordat de takken handmatig gebogen zijn, drukken ze naar buiten waardoor het mandvormige geheel

Fig. 4. De knakmethode, waarvoor zomerriet gebruikt werd. Dit is vlak na de oogst nog springlevend en breekt daarom niet wanneer het om een horizontale rietlat heen wordt geknakt.

constant onder spanning staat. Het droeg moeiteloos het gewicht van een achttal studenten toen zij erop klauterden voor een groepsfoto.

De tweede stap is het aankleden van het geraamte. Enkel een houten geraamte biedt uiteraard nog geen beschutting. Daarom is het dak bedekt met riet. De oudere Bergumermeer reconstructies zijn allen bedekt met zogenaamd winterriet, wat geoogst wordt in de winter en daardoor droog en breekbaar is. Dit soort riet wordt tegenwoordig nog gebruikt voor het bedekken van de daken van boerderijen. Voor de andere Bergumermeer reconstructies werd het samengebonden in bundels en daarna aangebracht. Voor House Stork is gekozen om gebruik te maken van zomerriet, net als in het Vlaardingerhuis (Pomstra & Van Gijn 2013). Dit is volgroeid aan het einde van augustus en gezien de bouwperiode werd dit ook gebruikt uit praktische overwegingen. Het volgroeide zomerriet is op het moment van oogsten nog springlevend, felgroen en gevuld met water. Het vraagt dan ook een andere werkwijze. We hebben gebruik gemaakt van de zogenaamde 'knakmethode', ontwikkeld door Horreus de Haas (Pomstra & Van Gijn 2013). Vanaf onder naar boven werd rond elke rietlat een handvol zomerriet gevouwen. Het gewicht van de bovenliggende lagen drukt de onderste lagen naar beneden, waardoor je uiteindelijk een dik pakket riet krijgt (ca. 60 cm onderaan) wat na verloop van tijd

House Stork. De reconstructie van een mesolithische hut

Fig. 5. Het eindresultaat. Het groen van de eerste weken kleurde langzaam steeds bruiner.

verder inzakt (fig. 4). Omdat de reconstructie een ovale vorm heeft, is de vouw rondom de hoofdas enigszins scherp. Dit maakt het vouwen van het riet om de latten langs de hoofdas lastiger. Dit werd opgelost door het riet iets dikker aan te brengen en het steviger aan te drukken.

Wat opviel bij het gebruik van riet is dat het bijzonder arbeidsintensief is. Sterker nog, het is verreweg het meest tijdrovende deel van het bouwproces. Ter illustratie, zes dagen lang heeft een team zich beziggehouden met het verzamelen van het riet, en dat met een moderne zeis en een tractor om het te vervoeren. De eerste dagen was er nog geen duidelijk systeem en hebben we relatief kleine, ongeschikte rietstengels geoogst. Het punt blijft echter staan: riet oogsten is arbeidsintensief. Dit komt overeen met de experimenten die Pompstra en Van Gijn (2013) hebben uitgevoerd in het Vlaardingerhuis, waar zij een nóg grotere hoeveelheid riet hebben geoogst, daarbij gebruik makend van replica's van mesolithische gereedschappen. Het aanbrengen van het riet gaat een stuk sneller dan het oogsten: het geraamte van *House Stork* was binnen een dag bedekt (fig. 5). Uiteindelijk heeft de bouw, inclusief het verzamelen van het materiaal, ongeveer zeven dagen geduurd.

Een groep ervaren bouwers zou waarschijnlijk sneller kunnen werken. Voor hen zou het niet nodig zijn om een enorme hoeveelheid hazelaar te kappen; ervaring leert welke takken geschikt zijn voor de verscheidene onderdelen van de hut. Dit maakt het mogelijk om selectief materiaal te verzamelen en zo tijd te besparen.

De waterafvoer is de voornaamste reden dat de hut niet volledig rond is maar een knik heeft langs de hoofdas. Een bolvormig dak heeft een punt centraal op het dak dat geheel horizontaal loopt. Er loert dan het gevaar dat dit punt onder invloed van regenwater licht naar beneden zakt. Dan wordt het water niet direct door het riet diagonaal naar beneden afgevoerd, maar blijft het liggen waardoor de takken van het geraamte nat worden en zullen gaan rotten. Dit zal de levensduur van een dergelijke constructie aanzienlijk inkorten. De stelregel is dat zolang het geraamte droog blijft de hut zal blijven staan. Zoals gezegd staat de oudste hut van Archeon reeds negentien jaar overeind, net als die van Wilhelminaoord, en ook de oudste hut van Swifterkamp is na acht jaar nog steeds in topconditie.

Nu *House Stork* ongeveer een jaar staat, is het mogelijk om ook een observatie te delen over de waterdichtheid van het geheel. De studenten hebben er enkele malen in geslapen, toevallig gedurende nachten waarin het geregend heeft. Toen de hut net stond, in augustus, en het riet nog levend en groen was, bleek de hut geheel waterdicht. Na ongeveer een half jaar, in februari, hebben de studenten er nogmaals in gebivakkeerd, maar toen bleek dat er met name langs de hoofdas enkele gaten waren ontstaan. Hierdoor drupte regenwater naar binnen. Dit kan verklaard worden door de manier waarop het riet is aangebracht, in lagen. Daar waar het riet onderaan ongeveer 60 cm dik zal zijn geweest, was het bovenaan veel dunner, doordat daar weinig overlappende lagen zijn. Hier is tot op heden geen oplossing voor gevonden. Misschien hadden de bovenste, individuele lagen dikker aangebracht kunnen worden, een centimeter of 10 in plaats van 5. Bij de reconstructies van Dithmarshen bleek een laag riet van 30 cm ruim voldoende te zijn, mits de constructie een relatief scherpe hoek heeft (Pfeifer 2013). Het is daarom waarschijnlijk dat onze voorouders regelmatig riet hebben bijgestoken om het geraamte van hun hutten droog te houden en ze zo over lange periodes te kunnen gebruiken. Elk onderkomen dat wordt bewoond, wordt immers permanent onderhouden.

Een klein probleem

Lezers die ingevoerd zijn in het onderzoek naar de Nederlandse Prehistorie zullen tijdens het lezen van dit artikel hebben opgemerkt dat er een probleem kleeft aan deze reconstructie: de recente herinterpretatie van de Bergumermeer S-64B opgraving in het kader van het Odyssee project heeft aangetoond dat de sporen die door Newell zijn geïnterpreteerd als hutplattegronden grotendeels boomvallen zijn (Niekus *et al.* 2018). Ook komen de vondstverspreidingen niet op logische wijze overeen met de plattegronden, is slechts 12% van de vondsten geschikt voor ruimtelijke analyses, is er een kwalitatief verschil tussen de opgegraven vlakken en is de gehele site een bijzonder ingewikkeld palimpsest. Met andere woorden: de sporen zijn geen resten van hutten. Dit roept een aantal vragen op. Klopt het heersende beeld van het Mesolithicum in Nederland wel, en, daaruit volgend, kloppen onze reconstructies van 'niet-bestaande Bergumermeer hutten' wel? Het meest logische antwoord op dergelijke vragen zou negatief luiden. Toch denk ik dat deze reconstructies niet per definitie kansloos zijn. Uit de masterscriptie Jurgen Rap, recent afgestudeerd in Groningen, blijkt dat het overgrote deel van de mesolithische hutten uit Nederland, Scandinavië en Groot-Brittannië rond of ovaal van vorm is. De meeste hutten hebben een vloeroppervlak tussen 10 m^2 en 40 m^2. Een ovale hut van ongeveer deze grootte lijkt dan ook vrij generiek (Rap 2016: 67). Daar komt bij dat het exacte materiaalgebruik vrijwel altijd onbekend is en dat er wat betreft constructietechniek ook niks bekend is. De *best practice* ontwikkeld voor de Bergumermeer reconstructies blijft om deze redenen een overtuigende mogelijkheid.

Wat nu? Mogelijkheden voor verder onderzoek

Zoals eerder aangegeven, diende dit project als *pilotstudy*. Het was voor ons een eerste kennismaking met de experimentele archeologie, het bouwproces en de gebruikte, natuurlijke materialen. Bovenal stelt het ons in staat om dit te vertalen naar een vervolgonderzoek, opgezet als een volwaardig wetenschappelijk onderzoek met een duidelijk doel, goede inbedding in literatuur en uitgebreide achtergrondinformatie, vergelijkingen met andere reconstructies van mesolithische hutten, en met name repliceerbare experimenten en vooraf opgestelde hypotheses. In de zomer van 2018 staat een nieuwe reconstructie op de planning. Ditmaal wordt een plattegrond uit Noorwegen, Aukra 68, onderworpen aan onze inspanningen. Deze is in een eerder stadium gereconstrueerd in Dithmarshen (Pfeifer 2013), maar in tegenstelling tot deze lichte, ruwweg bolvormige versie wordt onze reconstructie tipivormig. Gezien de grootte van de paalgaten in de plattegrond was deze hut wellicht veel robuuster dan eerder verbeeld werd. Een belangrijke vraag is daarom of een tipivorm ook werkt als alternatief voor de bolvorm. Daarnaast wordt deze reconstructie aanzienlijk groter dan *House Stork*. Aukra 68 biedt enkele interessante aspecten die (ook in Nederland) nog niet eerder onderzocht en getest zijn. Zo bevat de plattegrond mogelijke resten van een *Dakota Fire Pit*. Deze constructie bestaat uit twee ondergrondse, horizontale luchtschachten in hoek van ongeveer 45 graden ten opzichte van elkaar, die naar een vuurplaats leiden binnen de hut. We verwachten dat dat invloed heeft op de lucht en zuurstoftoevoer in de hut, maar de exacte werking is onbekend en moet dus getest worden. Ook zullen we testen doen met de leefomstandigheden in de hut en haar binnenklimaat (o.m. Christensen 2016; O'Sullivan *et al.* 2017). Dit zal betrekking hebben op onder andere de werking van de temperatuur in de hut, maar ook de schadelijkheid van vrijgekomen stoffen.

Dankwoord

Bij deze wil ik alle studenten bedanken voor het harde werken, de goede tijd en de vele discussies rond het kampvuur: Jochem Dorrestein, Jelke Take, Berna van Wijk, Hester Kamstra, Riemke Scharff, Fardau Mulder, Lotte Zanting, Steven van Ens, Margreet Wieske, Jasper Weinans en Renée de Vries. De vrijwilligers van Swifterkamp hebben ons zeer vriendelijk ontvangen en uitstekend voor ons gezorgd. Met name de grote hoeveelheden avondeten werden gewaardeerd. Natuurpark Lelystad wordt bedankt voor het bouwmateriaal. Dank gaat ook uit naar de beheerder van Swifterkamp, Martin Vlot, voor het aanbieden van deze fantastische mogelijkheid. De hoop is dat de samenwerking tussen Swifterkamp en de Groningse studenten nog lang mag voortduren.

House Stork. The reconstruction of a Mesolitic hut

In the summer of 2017 a group of archaeology students of the University of Groningen built a reconstruction of a Late-Mesolithic hut (6500 – 5200/4400 cal BP) at the archaeological park Swifterkamp. It was based on the plans of huts excavated by Raymond Newell at Bergumermeer. This article explains the background of the project, the building process, and several observations regarding the use of material and the amount of labour invested in it. Lastly, it offers a number of ways in which the project will proceed in the summer of 2018.

Noten

1. Rijksuniversiteit Groningen, Groninger Instituut voor Archeologie, y.p.de.raaff@student.rug.nl.

Literatuur

Christensen, J.M., 2016. Testing the indoor environment and personal health in an inhabited reconstructed Viking Age house during winter. In: L. Hurcombe & P. Cunningham (red.), *The life cycle of structures in experimental archaeology. An object biography approach.* Leiden, Sidestone Press, 189-200.

Karl, R., 2010. Presenting archaeological reconstruction to the public. 'Pure facts' necessarily give a false picture. *EuroREA* 7, 59-61, aldaar 59.

Newell, R.R., 1980. Mesolithic dwelling structures. Fact and fantasy. In: *Veröffentlichungen des Museums für Ur-und Frühgeschichte Potsdam* 14/15, 235-284.

Niekus, M.J.L.Th., J. Jelsma & C. Luinge, 2018. Bergumermeer S-64B (the Netherlands) revisited. Some critical remarks on the interpretation of an extensive Late Mesolithic site complex with alleged dwelling structures. *Journal of Archaeological Science* 18, 946-959.

Olthof, D. & D. Pomstra, 2006. Jager-verzamelaars in de Flevopolder, verslag van een mesolithisch leefproject. *Westerheem* 55/6, 306-311.

Osipowicz, G., D. Nowak & J. Kuriga, 2015. *Two reconstructions of Prehistoric houses from Torún (Poland)* (EXARC 2015/1). Leiden (https://exarc.net/issue-2015-1/ea/two-reconstructions-prehistoric-houses-torun-poland).

O'Sullivan, A., B. O'Neill & E. Reilly, 2017. Early medieval houses in Ireland. Some perspectives from archaeology, early Irish history, and experimental archaeology. *Eolas: the Journal for the American Society of Irish Medieval Studies* 10, 77-88.

Pfeifer, W., 2015. Experience with building Mesolithic huts in the Stone Age park Dithmarshen in 2014 (EXARC 2015/4). Leiden (https://exarc.net/issue-2015-4/at/experience-building-mesolithic-huts-stone-age-park-dithmarshen-2014).

Pomstra, D. & A. van Gijn, 2013. The reconstruction of a Late-Neolithic house. Combining primitive technology and science. *Bulletin of Primitive Technology* 45, 45-54.

Rap, J., 2016. *Te land, ter zee en in de hut. Mobiliteit en nederzetting in Mesolithisch Noord-Europa.* Ongepubliceerde masterscriptie, Rijksuniversiteit Groningen, Groningen.

De eerste resultaten van de veldsurvey in Ayios Vasilios (Laconië, Griekenland)

Corien Wiersma[1]

Op een lage heuvelrug bedekt met olijfbomen en smalle paadjes die naar de verschillende velden leiden, staat de Byzantijnse kerk van Ayios Vasilios (fig. 1). Onder deze kerk en verspreid over de heuvel liggen de resten van een late-bronstijdnederzetting, die al sinds de jaren 60 bekend is (Waterhouse en Hope Simpson 1960, Banou 1996). Ayios Vasilios is ca. 10 km zuidelijk van Sparta gelegen in het Spartabekken. In dit stroomgebied zijn meerdere bronstijdnederzettingen gevonden, waarvan die van Vapheio en de Menelaion het meest bekend zijn. Ayios Vasilios kreeg pas echte onderzoeksbelangstelling, toen er tijdens een bezoek van de Griekse Archeologische Dienst in 2008 fragmenten van Lineair B-tabletten werden gevonden (Aravantinos en Vasilogamvrou 2010). Lineair B wordt doorgaans alleen in paleisnederzettingen gevonden en daarom volgden op deze vondst al gauw testopgravingen en geofysisch onderzoek. De geofysische data lieten een goed bewaard netwerk van muren zien en testopgravingen toonden aan dat dit inderdaad een late-bronstijdnederzetting toebehoorde (fig. 2, Tsokas *et al.* 2010, Polymenakos 2012). Inmiddels hebben de opgravingen resten blootgelegd van monumentale gebouwen, een groot plein met stoa's, een archief met vele fragmenten kleitabletten waarop Lineair B, en indrukwekkende en bijzondere vondsten zoals een groep bronzen zwaarden, fragmenten van fresco's, en importen uit Egypte en minoïsch Kreta.

In 2015 is begonnen met het Ayios Vasilios surveyproject. Dit project valt onder het toezicht van de Archaiologiki Eteria in Athene en wordt geleid door Prof. Sofia Voutsaki (RuG) en mevr. Adamantia Vasilogamvrou (directrice emerita van de Eforie in Laconië), waarbij de auteur als velddirectrice optreedt. Het surveyproject bestaat uit drie onderdelen: de veldsurvey geleid door de auteur, aanvullend geofysisch onderzoek door dr. Wieke de Neef in samenwerking met Eastern Atlas, en etnografische interviews onder de verantwoordelijkheid van Sofia Voutsaki.

De belangrijkste doelstellingen van het surveyproject zijn cultuurhistorisch en methodologisch van aard en kunnen als volgt worden samengevat:
1. Het reconstrueren van de omvang en ruimtelijke ontwikkeling van de nederzetting door de tijd heen, inclusief de identificatie van functionele gebieden;
2. Het ontwikkelen van een geïntegreerde strategie voor het niet-invasief onderzoeken van urbane prehistorische nederzettingen door middel van geofysische prospectie en veldsurvey;
3. Het reconstrueren van recent landmanagement in het surveygebied en dit relateren aan de effecten daarvan op de resultaten van het geofysisch onderzoek en de veldsurvey.

In dit artikel zal ik ingaan op de omvang en ruimtelijke ontwikkeling van de nederzetting en de veldsurveymethodiek.

Surveymethodologie

De eerste survey in 2015 richtte zich op het centrum van de nederzetting, rondom de opgravingsputten. Omdat we de unieke mogelijkheid kregen om in detail een paleisnederzetting in kaart te brengen, besloten we om een zeer intensieve survey uit te voeren. Een grid van 10x10 m blokken werd uitgezet en in elk blok werden twee vondstcollecties gemaakt. Eerst werd er in

Fig. 1. Luchtfoto Ayios Vasilios (foto Thomas Fischer Lück).

een gebied van 25% van het blok (5x5 m) met de beste zichtbaarheid een totale collectie gemaakt van alle vondsten groter dan 1 cm. Vervolgens werd in de rest van het blok (75%) een verzameling gemaakt van potentieel diagnostisch materiaal, zoals randen, oortjes, bodems en gedecoreerd aardewerk, en natuurlijk andere voorwerpen zoals stenen werktuigen en terracotta beeldjes. Om het nut van deze fijnmazige methode verder te onderzoeken hebben we de 10x10 m blokken in één gebied afgewisseld met blokken van 20x20 m. In gebieden met een lage vondstdichtheid hebben we in blokken van 20x20 m gesurveyed en alleen potentieel diagnostisch materiaal verzameld. Tijdens de twee daaropvolgende survey campagnes hebben we de blokken van 10x10 m gebruikt in gebieden met hoge vondstdichtheden en 20x20 m in gebieden met lagere dichtheden. De totale collectie werd teruggebracht van 25% (5x5 m of 10x10 m) naar 5% (1x5 m of 4x5 m) en standaard verzameld in de zuidwestelijke hoek van het blok.

Bij de totale collectie, dat wil zeggen het verzamelen van al het materiaal, liepen de surveyers, meestal 4-5 personen per team, schouder aan schouder (fig. 3). Wanneer de dichtheden erg hoog waren werd het rapen gehurkt of kruipend gedaan. De teamleider vulde voor elk blok een formulier in, met daarin informatie over de weersomstandigheden, de staat van het veld, details over de collectie (i.e. lopers, looprichting, korte indruk van de vondsten) en een schets van het blok. Deze gegevens worden gebruikt om te onderzoeken op welke manier de gesteldheid van het weer en het veld van invloed zijn op de gemaakte vondstcollectie en of deze invloeden ook verschillen voor de totale en de diagnostische collectie.

Voorlopige resultaten

Het gebied dat we met de intensieve veldsurvey hebben belopen beslaat de heuvelrug waarop de bronstijdnederzetting was gelegen, ca. 1 km in

Fig. 2. Geofysische resultaten en interpretatie (resultaten naar Polymenakos 2012, fig. 38; interpretatie door Wieke de Neef).

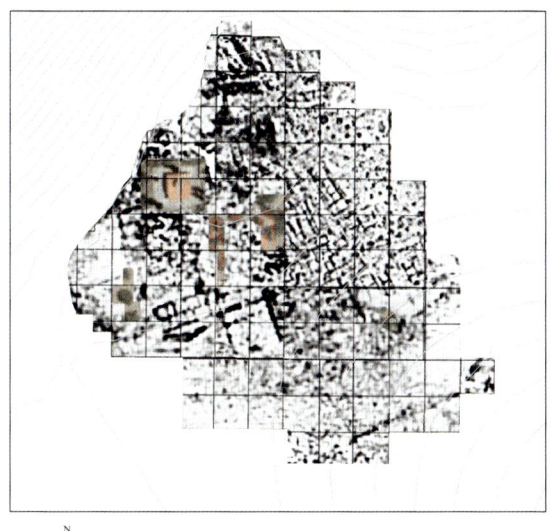

lengte van het noordoosten naar het zuidwesten en ca. 250 m in de breedte van het noordwesten naar het zuidoosten, een gebied van meer dan 20 ha. Gebieden die niet zijn meegenomen in de survey, zijn de steile en geërodeerde terrassen aan beide zijden van de weg tussen Sparta en Gytheio, een gebied van 20 m rondom de opgravingen, het gebied rondom het eerdere opgegraven kamergraf en enkele dichtbegroeide velden.

Het gebruik van de intensieve verzamelmethode heeft geresulteerd in significante hoeveelheden vondsten: in totaal zijn 1175 diagnostische verzamelingen gemaakt en 1018 totale verzamelingen, samen bestaande uit bijna 20.000 scherven en 9000 fragmenten van dakpannen. De vondsten tonen aan dat de nederzetting bewoond was tijdens de Bronstijd, maar ook dat er activiteiten plaatsvonden tijdens de klassiek-hellenistische periode, de (laat-)Romeinse, de Byzantijnse en de vroegmoderne periode (tabel 1, fig. 4).

De twee verzamelmethodes zijn met elkaar vergeleken. Daarbij is rekening gehouden met de invloed van het weer en de condities van het veld (geploegd of niet) (Wiersma *forthcoming*). Hieruit blijkt onder meer dat fel zonlicht leidt tot het verzamelen van minder vondsten (waarschijnlijk doordat men deels verblind raakt) en dat een slechtere zichtbaarheid van het veld ook leidt tot minder vondsten. Deze effecten werden gezien in zowel de diagnostische collecties als in de totale collecties. Post-depositionele processen zijn natuurlijk ook van invloed op de vondstdichtheden. In Ayios Vasilios is er sprake van de constructie van grote terrassen tijdens het Laat Helladisch IIIA2 (ca 1350 v.Chr.), ter ondersteuning van monumentale gebouwen (Vasilogamvrou *et al.* forthcoming). Daardoor kan materiaal uit voorafgaande periodes aan de oppervlakte gekomen zijn. Tijdens de Byzantijnse periode zijn er vele grote putten gegraven die ook gezorgd hebben voor het naar boven komen van eerder materiaal. Tegenwoordig zijn de archeologische resten op een aantal plaatsen zeer dicht onder het oppervlak gelegen. Landbouwbewerking, illegale opgravingen en erosie zijn serieuze bedreigingen voor dit erfgoed. Ploegen bijvoorbeeld en het planten van nieuwe olijfbomen zorgt voor het aan de oppervlakte komen van archeologisch materiaal. De steile hellingen langs de weg van Sparta naar Gytheio en aan de noordwestelijke kant van de heuvelrug zijn onderhevig aan erosieprocessen. Door zware regenval ontstaan geulen en

Fig. 3. Veldsurvey. Op de achtergrond de kerk van Ayios Vasilios.

grondverschuivingen. Het is daarom mogelijk dat sommige vondstconcentraties veroorzaakt zijn door dergelijke post-depositionele processen.

Gelukkig hebben we bij Ayios Vasilios de mogelijkheid om de resultaten van de veldsurvey direct te vergelijken met die van het geofysisch onderzoek, en die blijken in grote lijnen overeen te stemmen. Hieruit kunnen we afleiden dat de surveyresultaten, ook al zijn ze beïnvloed door weers- en veldomstandheden, voldoende acceptabel genoeg zijn om verder te bestuderen. Wat echter wel een obstakel is bij verdere bestudering, is de versleten staat van het prehistorische aardewerk: fragmenten met patroondecoratie of lineaire decoratie zijn zeldzaam, terwijl monochroomdecoratie slechts op gedeeltes van de scherven bewaard is gebleven. Dit maakt het dateren van het aardewerk lastig.

De voorlopige resultaten van onze veldsurveys wijzen op een slechts geringe omvang van de

Tabel 1. Chronologie.

Periode	Datering
Vroeg Helladisch I-II	3100–2200 v. Chr.
Vroeg Helladisch III-Midden Helladisch II	2200–1800 v.Chr.
Midden Helladisch III-Laat Helladisch II	1800–1420 v.Chr.
Laat Helladisch III	1420–1075 v.Chr.
Klassiek-Hellenistisch	480–146 v.Chr.
Romeins	146 v.Chr.–330 n.Chr.
Byzantijns	330–1453

De eerste resultaten van de veldsurvey in Ayios Vasilios (Laconië, Griekenland)

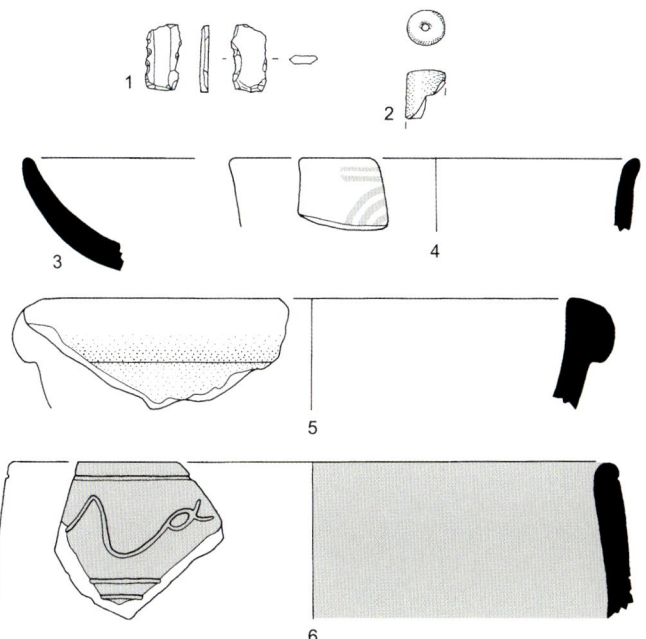

Fig. 4. 1. Bewerkt vuursteen 2. Stenen kraal 3. Vroeg Helladische kom 4. Laat Helladische kylix 5. Klassiek-Hellenistisch lekane. 6. Byzantijnse kom. Schaal 1:2 (tekeningen S.E. Boersma RUG/GIA).

nederzetting tijdens de vroege bronstijd. Tijdens eerdere surveys op de site werd melding gemaakt van een concentratie van materiaal uit de vroege bronstijd in de buurt van de kerk, maar dit was niet duidelijk te zien tijdens onze survey. Wellicht dat de opgravingsputten juist op deze plekken gesitueerd zijn. De Midden-Bronstijd is niet duidelijk aanwezig in het survey materiaal, ook al zijn tijdens de opgravingen in de diepste putten lagen van midden-helladische bewoning gevonden, en grafvondsten uit de noordelijke begraafplaats variërend in datering van het Midden Helladisch III of Laat Helladisch I tot IIB (Moutafi en Voutsaki 2016).

Tijdens onze survey zijn wel vondsten gedaan uit de vroeg-Mykeense periode (Laat Helladisch I en II), verspreid over een klein gebied. Een echte toename in de omvang van de nederzetting is te zien tijdens de Mykeense periode (Laat Helladisch III). Mykeens aardewerk is wijdverspreid over de heuvelrug (fig. 5). Eerdere schattingen van de omvang van de nederzetting waren in een ordergrootte van 20-30 ha, vergelijkbaar met andere paleisnederzettingen zoals Pylos, Tiryns en Thebe. Echter, de omvang van Ayios Vasilios blijkt vele malen kleiner te zijn, op basis van de vondstdichtheden van onze veldsurvey en de geofysische resultaten: ca. 6 ha. Uit de opgravingen is gebleken dat de Mykeense elitegebouwen verwoest zijn tijdens het Laat Helladisch IIIA2, en er nog slecht sporadische bewoning is tijdens LH IIIB waarna de nederzetting wordt verlaten. In de survey is geen duidelijk bewijs van LH IIIB materiaal gevonden.

Het is pas tijdens de klassiek-hellenistische periode dat op de heuvel weer activiteiten plaatsvinden. Tijdens de survey zijn veel resten van geverfde dakpannen gevonden, en een klein beetje klassiek-hellenistisch aardewerk, waaronder *Black-Gloss* scherven. Een van de lokale boeren denkt ook tijdens het ploegen een klassiek-hellenistisch dakpangraf geraakt (of uitgeploegd) te hebben. Hoe de klassiek-hellenistische activiteiten op de heuvel precies geïnterpreteerd moeten worden, is nog niet helemaal duidelijk, mogelijk doordat een deel van die activiteiten misschien plaatsvond op de plek waar tegenwoordig de autoweg van Sparta naar Gytheio de heuvel doorkruist.

Tijdens de survey zijn ook fragmenten van (laat) Romeins aardewerk gevonden, die nog verder onderzocht moeten worden door een specialist. Tijdens de Byzantijnse periode vindt er veel activiteit plaats op de heuvelrug: de kerk van Ayios Vasilios wordt gebouwd en ook enkele andere gebouwen waarvan sporen gevonden zijn tijdens de opgravingen. Uit deze periode stammen ook veel putten, waarvan de functie nog niet duidelijk is. Het post Romeinse aardewerk ligt wijdverspreid over de heuvelrug en dateert voornamelijk van de laat-Byzantijnse of post-Byzantijnse en vroegmoderne periodes. De kleine hoeveelheden huishoudelijk aardewerk in combinatie met grote hoeveelheden opslagaardewerk doen vermoeden dat Ayios Vasilios tijdens deze periode misschien niet de locatie van een boerderij was, maar misschien eerder een plek voor opslaghuizen of andere eenvoudige

Fig. 5. Verspreiding en dichtheid van Mykeens aardewerk.

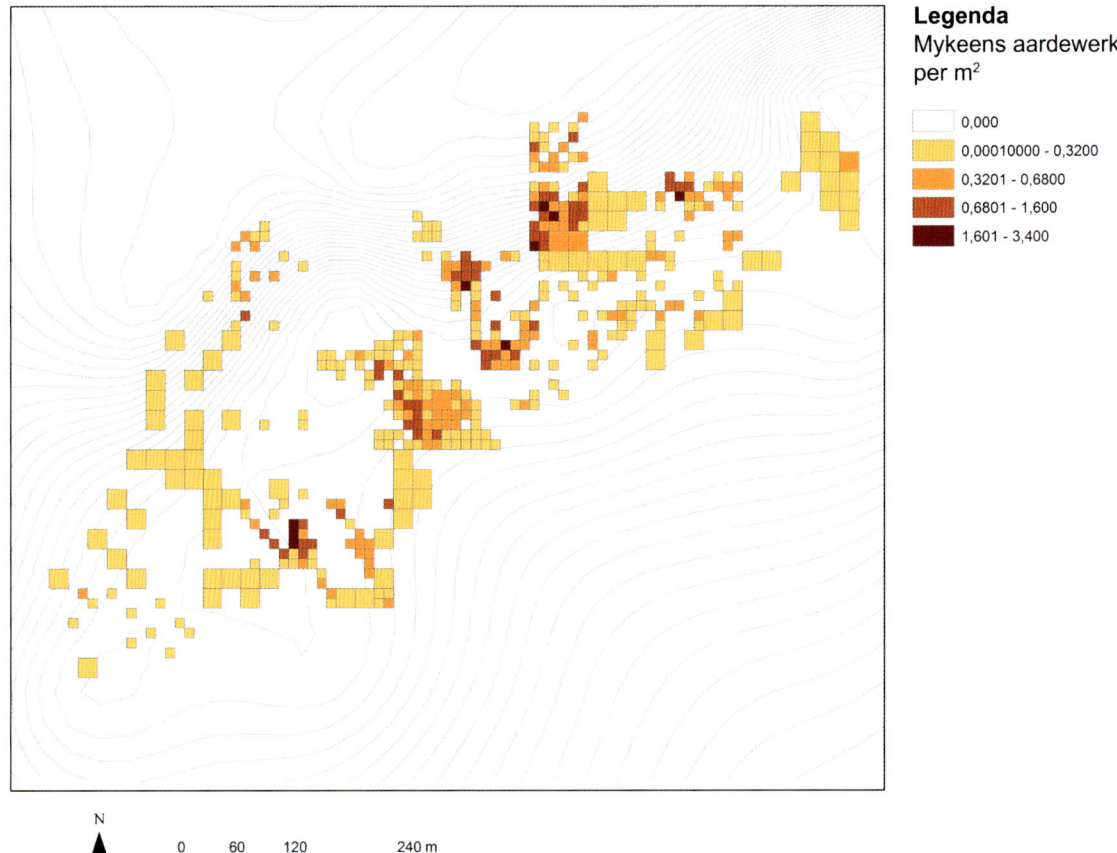

gebouwen die behoorden bij landbouwactiviteiten. Wellicht dat hier ook industriële activiteiten plaatsvonden, gezien het feit dat er tijdens de survey meerdere fragmenten van misbaksels van dakpannen zijn gevonden.

Ayios Vasilios in Mykeens Laconië

Naast een groter inzicht in de ontwikkeling van Ayios Vasilios van kleine nederzetting in de Vroege Bronstijd tot een paleisnederzetting in de Late Bronstijd, willen we uiteindelijk ook graag meer begrijpen van de relatie tussen Ayios Vasilios, zijn snelle opkomst als paleis en de omringende nederzettingen. Rondom Ayios Vasilios, met name ten noorden van de site, zijn meerdere Mykeense nederzettingen gevonden. Tijdens de vroeg-Mykeense periode lijkt er sprake te zijn in dit gebied van opvallende inspanningen op het gebied van monumentale grafarchitectuur en meer bescheiden monumentale huisarchitectuur. Een monumentaal gebouw werd opgetrokken op de site van de Menelaion, een indrukwekkend tholosgraf werd gebouwd in Vapheio en bij Ayios Vasilios wordt een kamergraf uitgehouwen. Deze activiteiten lijken deels samen te vallen met de ondergang van de minoïsche paleisbeschaving op Kreta, en worden tijdens de laat-Helladisch III periode gevolgd door de opkomst en ontwikkeling van grotere nederzettingen. Grootschalige bouwprocessen vangen aan in de LH IIIA periode: het monumentale gebouw op de Menelaion wordt vervangen door een nieuw gebouw met een andere oriëntatie. Ayios Vasilios komt op als een centrale administratieve macht, gevolgd door de constructie van enorme terrassen waarop monumentale structuren werden gebouwd. Verspreid over het Spartabekken worden kamertombes uitgehouwen. In tegenstelling tot sommige andere gebieden in Griekenland, lijken de meeste late-bronstijdnederzettingen in Laconië geen defensieve architectuur te hebben.

De vele (monumentale) bouwactiviteiten kunnen geïnterpreteerd worden als een vorm van competitie tussen verschillende opkomende Mykeense centra. De bevolking van Ayios Vasilios deed volop mee in deze competitie. Waarom juist Ayios Vasilios uiteindelijk een paleisnederzetting wordt, is nog niet duidelijk. Wellicht dat minoïsch Kreta, en dan met name de ondergang van de paleiscultuur aldaar, een belangrijke rol speelt. Nauwe relaties zijn gevonden tussen minoïsch Kreta en bepaalde grafgiften in de Vapheio-tombe (Banou en Hitchcock 2011), terwijl sommige architecturale facetten in Ayios Vasilios een sterk minoïsch karakter hebben en er ook minoïsch rituele gebruiksvoorwerpen zijn gevonden. Interesse in Laconië (van Minoërs of anderen) kan veroorzaakt zijn door de beschikbaarheid van natuurlijke bronnen, zoals de gesteentes *Lapis Lacedaimonius* en *Rosso Antico*, in zuidelijk Laconië bronnen van koper, lood, zilver en zelfs goud, en nabij Sparta alluviaal goud en kleine bronnen van kopererts. Misschien dat Ayios Vasilios een belangrijk knooppunt werd in veranderende handelsnetwerken en zodoende een meer centrale administratieve positie kreeg.

Dankwoord
Het survey project is mogelijk gemaakt door een postdoctorale beurs van het Institute for Aegean Prehistory, de Michael Ventris Memorial Award, de Curtiss T. & Mary G. Brennan Foundation, de Rijksuniversiteit Groningen en de Nederlandse Organisatie voor Wetenschappelijk Onderzoek, projectbeurs 275-60-009. Ik ben de directrices van het project, Sofia Voutsaki en Adamantia Vasilogamvrou, erkentelijk voor het mij toevertrouwen van de veldsurvey. Ik wil de vertegenwoordigers van de Laconië Ephorie in Sparta bedanken, mevr. Maltezou, mevr. Tsouli, en de directrice mevr. Pantou. Veel dank ook aan Dora Kondyli en de gastvrije en behulpzame mensen in Xirokambi. Hartelijke dank tot slot gaat uit naar de vele studenten die met enthousiasme aan het surveyproject hebben deelgenomen, als ook aan de aardewerkspecialisten Mink van IJzendoorn en Adam Wiznura.

The first results of the field survey of Ayios Vasilios in Laconia (Greece)
At Ayios Vasilios, remains of a Late Bronze Age palatial site have been identified by means of geophysical survey and excavations. The Ayios Vasilios Survey Project was initiated in 2015, among other things to investigate the extent and spatial development of the site though time. In this article, the preliminary results of the pedestrian field survey of the site are presented.

The survey data show that pre-Mycenaean habitation at the site was of limited extent. The settlement expanded rapidly in the Late Helladic III period, but also the Mycenaean palatial settlement was small compared to other known palatial settlements: ca 5-6 ha. The rapid expansion and limited size may be better understood when contextualized with social and political developments in the Sparta Basin.

Noten
1. Groningen Instituut voor Archeologie, Poststraat 6, 9712 ER Groningen

Literatuur
Aravantinos, V. & A. Vasilogamvrou, 2010. The First Linear B documents from Ayios Vasileios (Laconia). In: P. Carlier, C. De Lamberterie,

N. Guilleux, F. Rougemont & J. Zurbach (red.), *Études Mycéniennes 2010, Actes du XIIIe Colloque Internationale sur les Textes Égéens*. Parijs, Nanterre Sèvres, 41-54.

Banou, E., 1996. *Beitrag Zum Studium Lakoniens in Der Mykenischen Zeit.* München, Tuduv.

Banou, E. & L.A. Hitchcock, 2011. The 'Lord of Vapheio': The social identity of the dead and its implications for Laconia in the late Helladic II-IIIA period. In: H. Cavanagh, W. Cavanagh & J. Roy (red.), *Honouring the Dead in the Peloponnese. Proceedings of the conference held at Sparta 23–25 April 2009*. Nottingham: Centre for Spartan and Peloponnesian Studies, 1-23.

Moutafi, I. & S. Voutsaki, 2016. Commingled burials and shifting notions of the self at the onset of the Mycenaean era (1700-1500 BCE): The case of the Ayios Vasilios North Cemetery, Laconia. *Journal of Archaeological Science: Reports* 10, 780-790.

Polymenakos, L. 2012. *Geophysical Investigation at the hill of Ayios Vassileios, Xirokampi, Lakonia (2012)*. Ongepubliceerd rapport in Grieks.

Tsokas, G.N., G. Vargemezis, P. Tsourlos, A. Stampolidis, B. di Fiore, C.D. Stefan, C.F. Garbacea & M.M. Stefan, 2010. *Geophysical Surveys at the Agios Vasileios Hill South of Sparta*. Ongepubliceerd rapport.

Vasilogamvrou, A., E. Kardamaki & N. Karadimas, forthcoming. The foundation system of the palace at Ayios Vasileios, Xirokambi, Laconia. In: B. Eder & M. Zavadil (red.), *(Social) Place and Space in early Mycenaean Greece*. Vienna, Östereichesche Akademie der Wissenschaften.

Waterhouse, H. & R. Hope Simpson, 1960. Prehistoric Laconia: Part I. *Annual of the British School at Athens* 55, 67-107.

Waar de doden woonden. De samenhang tussen de locaties van laat-prehistorische urnenvelden en nederzettingen

Nynke de Boer[1]

Over de relatie tussen bewoning en begraving op de Noord-Nederlandse zandgronden in de periode van de Late Bronstijd tot de Midden-IJzertijd (ca. 1100-500 v.Chr.) is weinig bekend. Er is wel onderzoek gedaan naar grafvelden en urnenvelden uit deze periode (o.a. Kooi 1979) en naar laat-prehistorische nederzettingen (o.a. Wolthuis & Arnoldussen 2015), maar de uitkomsten daarvan worden zelden aan elkaar gekoppeld (Arnoldussen & Albers 2015: 150). Lange tijd is het model van Roymans en Fokkens (1991) de standaard geweest voor de relatie nederzettingen – urnenvelden. In dit model hebben urnenvelden een vaste plek in het landschap, terwijl nederzettingen veranderen van locatie. Uit recenter onderzoek in Oost-Nederland blijkt echter dat de ruimtelijke relatie tussen nederzetting en urnenveld veel complexer is: geen enkel urnenveld ligt in het centrum van het nederzettingsterritorium en urnenvelden hebben een veel dynamischer karakter dan voorheen werd gedacht (Van Beek & Louwen 2012).

Deze bijdrage onderzoekt de relatie tussen de locaties van urnenvelden en nederzettingen gedurende de periode dat die urnenvelden in gebruik waren.[2] Door kennis van de ligging van de grafvelden en nederzettingen in het landschap in het verleden zijn we beter in staat te begrijpen welke overwegingen men vroeger maakte bij de keuze van een locatie. Bovendien helpt het ons om de vindplaatsen in het landschap in het heden te beschermen (Kattenberg et al. 2006: 21-23).

Het onderzoeksgebied is de provincie Drenthe, vanwege de grote hoeveelheid beschikbare gegevens over urnenvelden (o.a. Kooi 1979) en nederzettingen (o.a. Wolthuis & Arnoldussen 2012). Binnen het onderzoek is gekeken naar (1) de factoren die een rol spelen in de locatiekeuze van de urnenvelden, (2) de factoren die een rol spelen in de locatiekeuze van de nederzettingen gedurende de gebruiksfase van de urnenvelden, en (3) de samenhang tussen de locaties van nederzetting en urnenveld.

Locatiekeuzemodellen worden vaak enkel gebaseerd op fysisch-geografische factoren: de processen die het landschap vormen en gevormd hebben (Zijveren & De Moor 2014: 13). Andere factoren, zoals sociaal-culturele, spelen echter ook een rol. Volgens Hessing en Kooi (2005: 645) spelen de aanwezigheid van (zichtbare) oude begravingen en het plaatselijke reliëf mogelijk een rol bij de locatiekeuze van urnenvelden. Daarom is onderzocht of de locatiekeuze van urnenvelden en nederzettingen afhankelijk is van:
1. Fysisch-geografische factoren (de bodemeigenschappen en/of de landschapsvorm (geomorfologie)).
2. De zichtbaarheid vanuit de nabije omgeving.
3. De aanwezigheid van zichtbare grafmonumenten (hunebedden, grafheuvels) uit eerdere periodes.

Gebruikte gegevens

Dit onderzoek is gebaseerd op de locatiegegevens van urnenvelden en nederzettingen uit de tijd dat de urnenvelden in gebruik waren. Sommige onderzoekers (bijv. Spek 2004: 139-141) gebruiken laat-prehistorische akkers (zogenaamde raatakkers of *Celtic fields*) als indirect bewijs voor menselijke bewoning gedurende de urnenveldenperiode, in plaats van de nederzettingslocaties zelf. Omdat recenter onderzoek aantoont dat er geen bewijs is dat akkers direct gekoppeld

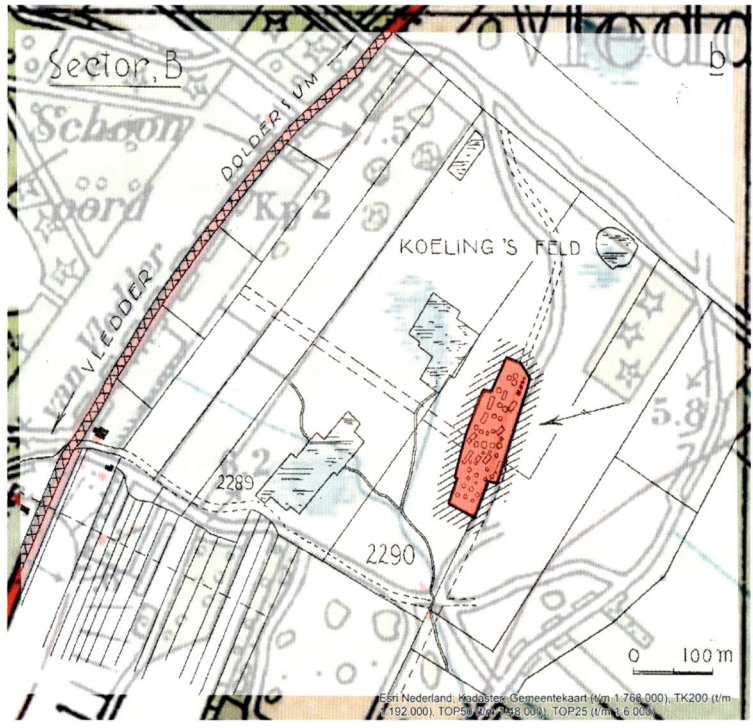

Fig. 1. De opgravingstekening van Van Giffen van het urnenveld Vledder – Koelingskamp (naar: Van Giffen 1938: 368 abb. 6), afgebeeld op de historische topografische kaart uit 1937; het jaar van de opgraving. Dit urnenveld ligt precies in het (digitale) landschap geplaatst met behulp van deze historische topografische kaart.

kunnen worden aan bewoning (Arnoldussen & De Vries 2017), worden *Celtic fields* niet meegenomen in dit onderzoek.

Met behulp van eerdere publicaties en historische kaarten waren de coördinaten van in totaal 94 urnenvelden te achterhalen. Van 31 van de 94 urnenvelden is de betrouwbaarheid van de locatie zeer groot, omdat hun locatie met behulp van opgravingstekeningen en historische kaarten zeer precies te bepalen was (fig. 1). De overige coördinaten zijn afkomstig uit de publicatie van Kooi (1979).

De coördinaten van de nederzettingen zijn afkomstig uit de database die Wolthuis en Arnoldussen hebben opgesteld voor hun onderzoek naar nederzettingslocatiekeuze (Wolthuis & Arnoldussen 2015). Nederzettingen die in Drenthe liggen én tijdens de gebruiksduur van de urnenvelden in gebruik waren, zijn uit deze database geselecteerd. In totaal zijn 32 nederzettingen geschikt voor dit onderzoek.

Alle locatiegegevens van de urnenvelden en nederzettingen zijn in een GIS ingevoerd en vergeleken met bestaande informatie over de fysische geografie (de bodemgesteldheid met betrekking tot bodemvruchtbaarheid, gegevens over hoogte en helling, landschapsvorming) en archeologie (eerdere grafmonumenten). De fysisch-geografische gegevens waren al gedigitaliseerd. Deze zijn beschikbaar gesteld door S. Arnoldussen (bodem- en geomorfologische kaarten) en P.M. van Leusen (hoogtekaarten). De locatiegegevens van eerdere grafmonumenten moesten nog gedigitaliseerd worden.

Vanwege het ontbreken van de locatiegegevens van grafheuvels uit het Laat-Neolithicum zijn deze niet in dit onderzoek meegenomen, wetende dat ook deze grafheuvels mogelijk effect hebben op de locatiekeuze. De coördinaten van grafheuvels uit de Vroege en Midden-Bronstijd zijn afkomstig uit de catalogus van Lohof (1991): een catalogus met de locatiegegevens van de tot dan toe onderzochte bronstijdgrafheuvels in Drenthe, Friesland en Overijssel. Hieruit zijn in totaal 216 Drentse grafheuvels geselecteerd. De coördinaten van deze grafheuvels zijn geverifieerd en verbeterd met behulp van het Algemeen Hoogtebestand Nederland (AHN), opgravingskaarten en historische kaarten. Bronstijdgrafheuvels zijn echter niet de enige zichtbare grafmonumenten. Ook hunebedden, die destijds bedekt waren met een heuvellichaam, waren zichtbaar. Deze hunebedden zijn zeer precies in het landschap geplaatst door hun toponiemen te koppelen aan de topografische kaart en de hunebedden die daarop aangegeven staan. In totaal zijn 52 nu nog bestaande en 18 nu verdwenen Drentse hunebedden in dit onderzoek meegenomen (zie Bakker 2010: 303). De ruimtelijke ligging van alle gebruikte urnenvelden, nederzettingen, bronstijdgrafheuvels en hunebedden is weergegeven in figuur 2.

Fig. 2. De ruimtelijke ligging van alle in dit onderzoek meegenomen urnenvelden, nederzettingen, grafheuvels en hunebedden, weergegeven op het Hondsrugcomplex (grijs).

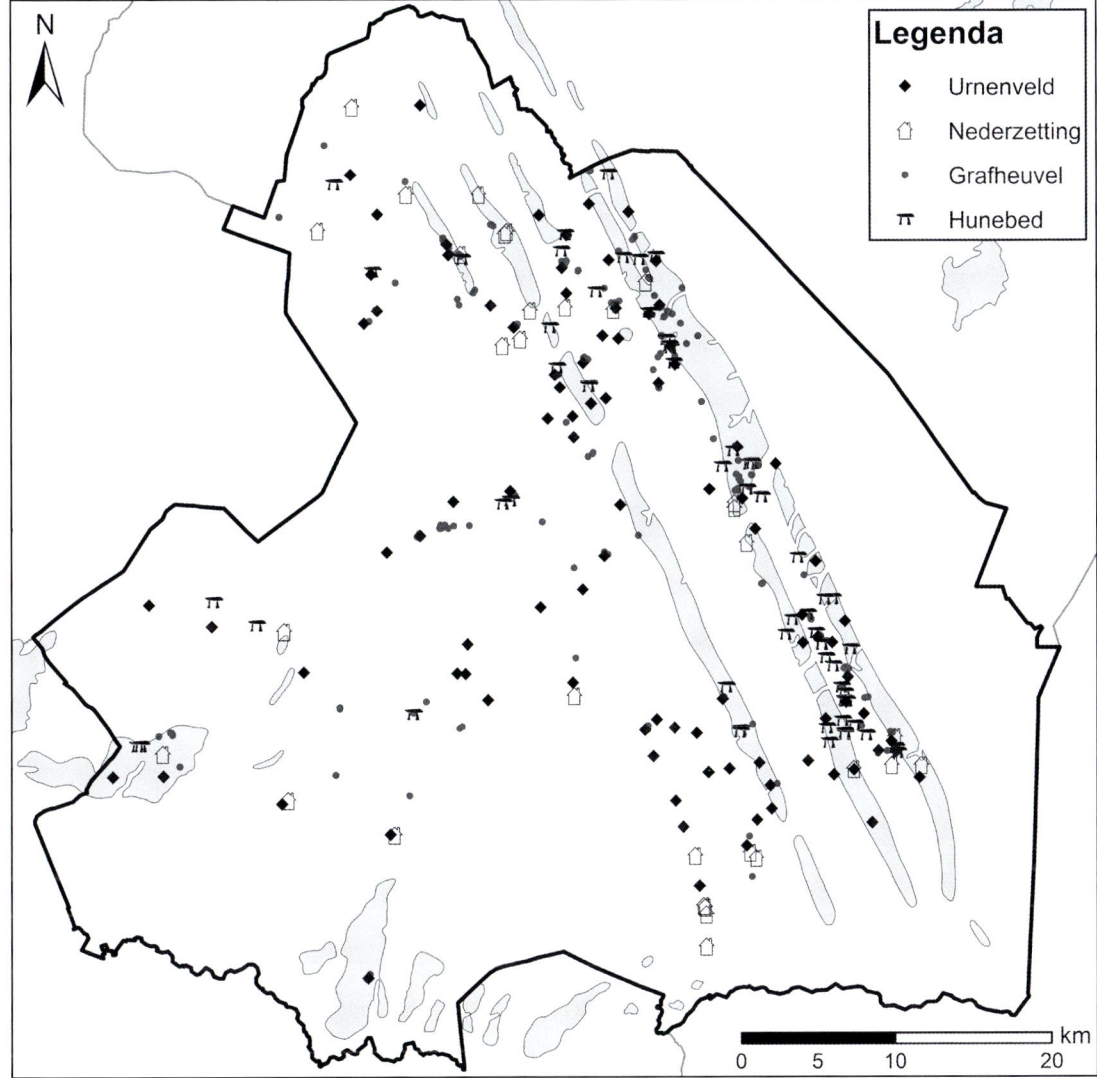

De locatiekeuze van urnenvelden en nederzettingen

Fysisch-geografische factoren

Binnen het onderzoek is gekeken naar verschillende fysisch-geografische factoren die invloed kunnen hebben op de locatiekeuze. Deze factoren hebben betrekking op eigenschappen van de bodem (leemgehalte van de bodem, grondwaterstand) en landschapsvorm (geomorfologie) (zie tabel 1 voor de resultaten). Uit dit onderzoek blijkt dat zowel urnenvelden als nederzettingen voornamelijk op droge, leemrijke bodems zijn aangelegd. Toch zijn er ook verschillen. In de eerste plaats liggen urnenvelden vaker op nattere en leemarmere bodemtypes. Daarnaast verschilt de landschapsvorm waarop beide zijn aangelegd. Bij urnenvelden domineren de

Tabel 1. Samenvattende tabel met daarin alle verkregen resultaten. In deze tabel staat n(uv) voor het aantal urnenvelden en n(nz) voor het aantal nederzettingen die binnen de verschillende deelonderzoeken betrokken zijn.

Factoren met betrekking tot locatiekeuze		Urnenvelden	Nederzettingen
Fysische geografie	Bodemtype en leemgehalte n(uv) = 75 en n(nz) = 23	Hoofdzakelijk leemrijk (59%), relatief vaak leemarm (11%). De rest ligt op gemiddelde bodemtypes	Hoofdzakelijk leemrijk (70%), nooit leemarm (0%). De rest ligt op gemiddelde bodemtypes
	Grondwaterstand n(uv) = 77 en n(nz) = 24	Hoofdzakelijk droog (78%), relatief vaak nat (22%)	Hoofdzakelijk droog (92%), zelden nat (8%)
	Geomorfologie n(uv) = 80 en n(nz) = 23	Voornamelijk gelegen op grondmorenes (35%) t.o.v. dekzandruggen (20%), stuwwallen (14%), heuvelruggen (11%) en overige geomorfologische eenheden (20%)	Voornamelijk gelegen op dekzandruggen (39%) t.o.v. grondmorenes (30%), heuvelruggen (13%), stuwwallen (4%) en overige geomorfologische eenheden (14%)
Zichtbaarheid	Absolute hoogteligging n(uv) = 80 en n(nz) = 23	Gelegen op hoogtes tussen 4 m - 25 m +NAP. Relatief vaak hoger dan 19 m +NAP (19%)	Gelegen op hoogtes tussen 4 m - 20 m +NAP, met één uitzondering op 25 m - 26 m +NAP
	Relatieve hoogteligging (ten opzichte van de nabije omgeving) n(uv) = 51 en n(nz) = 10	Liggen relatief hoog of laag t.o.v. de omgeving, tussen -0,6 m en +1,7 m, met één uitzondering (+2,9 m). Het merendeel (71%) wijkt tussen -0.1 m en 0,4 m af van hun omgeving	Liggen voornamelijk ongeveer even hoog of iets hoger dan de omgeving, tussen -0,08 m en +1 m. Het merendeel (50%) wijkt tussen -0,08 m en -0,04 m af van hun omgeving
	Hellingshoek n(uv) = 80 en n(nz) = 23	Varieert tussen 0,1° en 2,6°, met één uitzondering op 3°. Het merendeel (74%) ligt op hellingen tussen 0,4° en 1,4°	Varieert tussen 0,2° en 2,4°. Het merendeel (87%) ligt op hellingen tussen 0,4° en 1,6°
	Hellingsrichting n(uv) = 80 en n(nz) = 23	ZW hellingen dominant (24%), gevolgd door O (15%), Z (14%), NO en W (beide 12%), ZO (10%), NW (8%), N (4%) en vlak land (1%)	ZO hellingen dominant (22%), gevolgd door O en W (beide 17%), Z (13%), N, NO en ZW (allen 9%), en NW (4%)
Nabijheid van zichtbare graf-monumenten n(uv) = 94 en n(nz) = 32	Bronstijdgrafheuvels n = 216	86% van de grafheuvels ligt binnen een straal van 2000m van de urnenvelden, waarvan 28% binnen 200m. De rest (14%) ligt daarbuiten	34% van de grafheuvels ligt binnen een straal van 2000m van de nederzettingen, waarvan 2% binnen 200m. De rest (66%) ligt daarbuiten
		26% van de urnenvelden heeft één of meerdere grafheuvels in de nabije omgeving (<200m) (61 grafheuvels verdeeld over 24 urnenvelden)	6% van de nederzettingen heeft één of meerdere grafheuvels in de nabije omgeving (<200m) (5 grafheuvels verdeeld over 2 nederzettingen)
	Hunebedden n = 70	89% van de hunebedden ligt binnen een straal van 2000m van de urnenvelden, waarvan 14% binnen 200m. De rest (11%) ligt daarbuiten	24% van de hunebedden ligt binnen een straal van 2000m van de nederzettingen, waarvan 0% binnen 200m. De rest (76%) ligt daarbuiten
		7% van de urnenvelden heeft één of meerdere hunebedden in de nabije omgeving (<200m) (10 hunebedden verdeeld over 7 urnenvelden)	0% van de nederzettingen heeft één of meerdere hunebedden in de nabije omgeving (<200m) (0 hunebedden verdeeld over 0 nederzettingen)

grondmorenes, gevolgd door dekzandruggen. Bij nederzettingen is het beeld omgedraaid.

Wat betekenen deze overeenkomsten en verschillen? Een hoger leemgehalte zorgt voor een hogere natuurlijke bodemvruchtbaarheid en vermindert de degradatiegevoeligheid van de bodem (Spek 2004: 118-121; Wolthuis & Arnoldussen 2015: 179). Hierdoor zijn leemrijke bodemtypes gunstiger voor akkerbouw dan leemarme bodemtypes; *Celtic fields* liggen veelal op (kei)leemrijke bodems (Spek 2004: 142). Uit dit onderzoek blijkt dat urnenvelden, in tegenstelling tot nederzettingen, minder vaak op vruchtbare bodems werden aangelegd. Deze conclusie wordt ondersteund door de onderzoeken van Spek (2005: 151) en Wolthuis & Arnoldussen (2015: 179-180). Wellicht legde men de urnenvelden bewust minder vaak aan op vruchtbaar akkerland. Begraven kan immers prima in minder vruchtbare grond. Nederzettingen liggen echter wel voornamelijk op vruchtbare gronden, terwijl voor het huis zelf de bodemvruchtbaarheid ook niets uitmaakt. Voor akkers daarentegen is bodemvruchtbaarheid wel van belang. De relatief vruchtbare ligging van nederzettingen heeft dus mogelijk met akkerbouw te maken. De relatie tussen bewoning en akkerbouw is echter onderwerp van discussie (zie Arnoldussen & De Vries 2017), dus een sluitende conclusie kan op dit punt niet getrokken worden.

De grondwaterstand is van belang voor de keuze van nederzettingslocaties. Volgens Harsema (2005: 543) hebben nederzettingen een goede ontwatering nodig. Dit verklaart mogelijk de geobserveerde droge ligging van de nederzettingen. Ook de urnenvelden liggen hoofdzakelijk op drogere bodems. Deze liggen echter, in verhouding tot de nederzettingen, vaker op nattere gronden. Een verklaring hiervoor ontbreekt nog.

Geomorfologie en grondwaterstand zijn aan elkaar verwant. Door bijvoorbeeld keileem in de ondergrond (geassocieerd met grondmorenes) vloeit water minder makkelijk weg, wat resulteert in een relatief hoge grondwaterstand (Spek 2004: 117). Uit de resultaten blijkt dat urnenvelden relatief vaak op bodems met keileem in de ondergrond aangelegd zijn, met als resultaat een relatief natte ligging. Nederzettingen zijn minder vaak aangelegd op keileemrijke bodems, en liggen dus droger. Van Beek & Louwen (2012: 54) concluderen op basis van hun onderzoek dat de aanwezigheid van keileem de bodem ongeschikt maakt voor lange-termijn bewoning. Dit verklaart mogelijk de geobserveerde relatief keileemarme ligging van de nederzettingen.

Fysisch-geografische factoren lijken dus een rol te spelen bij de locatiekeuze van nederzettingen en urnenvelden: men kiest bewust verschillende locaties voor begraven en bewonen, op basis van bodemeigenschappen en/of landschapsvorm. Hierin lijkt men voor de aanleg van nederzettingen een balans te zoeken tussen bodems die niet te nat én relatief vruchtbaar zijn. Bij urnenvelden lijkt men daar minder op te letten.

Zichtbaarheid in het landschap

De zichtbaarheid is afgeleid uit gegevens over het plaatselijke reliëf (absolute en relatieve hoogte van de vindplaatsen, hellingshoek en -richting; zie tabel 1 voor de resultaten). De spreiding van de absolute hoogtes van urnenvelden en nederzettingen is ongeveer gelijk, met hoogtes tussen 4 en 26 m boven NAP. Deze absolute hoogteligging is gebruikt om de relatieve hoogteligging te bepalen: de vergelijking van de hoogteligging van urnenveld of nederzetting met de gemiddelde hoogte van de nabije omgeving (⌀ 200 m; voor verklaring zie De Boer 2017: 13). Kijken we naar deze relatieve hoogte, dan blijkt dat nederzettingen vaak ongeveer even hoog of net iets hoger dan hun omgeving liggen (tussen -0,1 en +1 m). Het merendeel van deze nederzettingen (50%) wijkt slechts weinig af van de omgeving, met verschillen tussen -0,08 en -0,04 m. Bij de urnenvelden daarentegen is meer spreiding zichtbaar ten opzichte van de omgeving (tussen -0,6 en +1,7 m, met één uitzondering bij +2,9 m). Het merendeel van deze urnenvelden (74%) ligt nét iets lager of iets hoger dan de omgeving (tussen -0,01 en +0,4 m). De relatieve hoogteligging van urnenvelden en nederzettingen verschilt dus, maar bij een dergelijk gering hoogteverschil is de kans groot dat (hoge) bomen en andere vegetatie de zichtlijn blokkeerden.

De richting van de helling heeft, samen met de hellingshoek, naast effect op de mate van zoninstraling, mogelijk ook effect op de zichtbaarheid van een locatie. Uit de resultaten blijkt dat de meeste urnenvelden en nederzettingen op hellingen met een hoek tussen 0,2° en 1,4° aangelegd zijn. Ten Cate & Maarleveld (1977:

12-13) geven aan dat enkel hellingen met een hoek van meer dan 1° waarneembaar zijn in het landschap, mits de vegetatie dit toelaat. Voor het merendeel van de urnenvelden en nederzettingen (resp. 65% en 61%) is de hellingshoek lager dan deze waarneembare grens. Dit betekent dat beide in relatief vlakke delen van het landschap zijn aangelegd. Het onderzoek naar de richting van de helling toont tevens kleine verschillen tussen urnenveld en nederzetting. Urnenvelden liggen voornamelijk op zuidwestelijke hellingen (24%), gevolgd door oost (15%) en zuid (14%). Nederzettingen daarentegen zijn voornamelijk op zuidoostelijke hellingen aangelegd (22%), gevolgd door oost en west (beide 17%). Urnenvelden en nederzettingen op noordwestelijke hellingen zijn zeldzaam (beide 4%).

Over neolithische grafheuvels merkt Bourgeois (2013: 105) op dat deze, als ze vanuit een lager liggend beekdal benaderd worden, veel zichtbaarder zijn dan bij benadering vanuit (vlak) heidegebied. Ook urnenvelden waren gemarkeerd door een heuvellichaam, en staken daardoor hoogstwaarschijnlijk boven de omgeving uit (Kooi 1979: 131-133). Benadering vanuit lager liggend gebied heeft daarom ook bij urnenvelden mogelijk een effect op de zichtbaarheid, zeker bij een laagstaande (ondergaande) zon: de lange schaduwen versterkten het effect. Ook de nederzettingen kunnen beter zichtbaar zijn geweest door hun ligging. Een verklaring hiervoor ontbreekt nog.

De locaties van urnenvelden en nederzettingen verschillen licht met betrekking tot het reliëf. Deze verschillen zijn echter, mede door de vrijwel niet waarneembare hellingshoek en de (waarschijnlijke) invloed van (hoge) vegetatie, verwaarloosbaar als het gaat om zichtbaarheid. Zowel urnenvelden als nederzettingen liggen op relatief vlakke, hoge locaties, met een overwegend zuidelijke oriëntatie.

Nabijheid van zichtbare grafmonumenten
Voor het onderzoek naar de invloed van de nabijheid van zichtbare grafmonumenten uit eerdere periodes op de locatiekeuze van urnenvelden en nederzettingen is gekeken naar (1) de hoeveelheid grafheuvels en hunebedden binnen vier verschillende afstanden van de vindplaats (straal <200 m, 200 m – 500 m, 500 m – 2000 m en >2000 m; voor verklaring van de afstanden; zie De Boer 2017: 13-14), en (2) de verdeling van deze grafheuvels en hunebedden over de urnenvelden en nederzettingen. De uitkomsten van de analyse zijn weergegeven in tabel 1.

Het onderzoek toont aan dat bronstijdgrafheuvels een rol lijken te spelen bij de aanleg van urnenvelden (86% ligt binnen 2000 m; 28% ligt binnen 200 m). Bronstijdgrafheuvels hebben echter weinig tot geen invloed op de aanleg van nederzettingen (34% ligt binnen 2000 m; 2% ligt binnen 200 m).

Ook in de verdeling van de grafheuvels en hunebedden zijn duidelijke verschillen tussen urnenveld en nederzetting zichtbaar. In totaal is 26% van de urnenvelden in de directe nabijheid (<200 m) van een bronstijdgrafheuvel aangelegd (61 grafheuvels verdeeld over 24 urnenvelden). Daarentegen heeft slechts 6% van de nederzettingen een grafheuvel in hun directe nabijheid (5 grafheuvels verdeeld over 2 nederzettingen). Ook hier tonen de hunebedden een vergelijkbaar verschil tussen urnenveld en nederzetting: 7% van de urnenvelden is aangelegd in de directe nabijheid van een hunebed (10 hunebedden verdeeld over 7 urnenvelden); geen enkele nederzetting is in de directe nabijheid van een hunebed aangelegd.

Uit het bovenstaande kan geconcludeerd worden dat bronstijdgrafheuvels duidelijk meer invloed hebben op de locatiekeuze van urnenvelden dan nederzettingen. Ook hunebedden lijken, hoewel in mindere mate, de aanleg van urnenvelden positief te beïnvloeden. Hunebedden lijken geen invloed te hebben op de locatiekeuze van nederzettingen.

Waar de doden woonden

Deze bijdrage toont aan dat zowel nederzetting als urnenveld bij voorkeur aangelegd werden op relatief vlakke, hoge locaties in het landschap.

De ligging van nederzettingen lijkt voornamelijk bepaald te zijn door de mogelijkheden voor ontwatering en exploitatie van de nabije omgeving. Voor urnenvelden lijken deze mogelijkheden, gezien hun nattere, leemarmere ligging in verhouding tot nederzettingen, minder van belang, hoewel ook urnenvelden hoofdzakelijk op relatief droge leemrijke bodems aangelegd zijn. Een verklaring voor deze overeenkomsten in hoogte en bodemtype is dat de locatiekeuze primair te maken heeft met wonen en akkeren, en dat begraven de bewoning volgt. Bij de locatiekeuze voor urnenvelden wordt echter, in verhouding tot nederzettingen, wel rekening gehouden met de nabijheid van eerdere (zichtbare) grafmonumenten. Mogelijk was ook de zichtbaarheid de locatie van belang, maar dit is op basis van het reliëf (nog) niet aan te tonen.

Uit dit onderzoek is gebleken dat het onderzoeken van oude data met een nieuwe analysemethode (GIS) interessante resultaten oplevert. De verkregen resultaten kunnen gebruikt worden voor het voorspellen van de ligging van urnenvelden. De conclusies over de verplaatsing van urnenvelden met nederzettingen mee en de aantrekkingskracht van zichtbare grafmonumenten op urnenvelden zijn hiervoor van belang. Bovendien zijn de gebruikte urnenvelden zeer precies in het landschap geplaatst, iets wat vóór dit onderzoek nog niet het geval was. Het resulterende gegevensbestand is beschikbaar voor toekomstig onderzoek. Hierdoor zullen we in de toekomst nog beter begrijpen waar de levenden én de doden woonden.

Dankwoord

Ik wil graag Karen de Vries, Esther Scheele en Stijn Arnoldussen bedanken voor hun bijdrage aan het tot stand komen van dit artikel.

Where the dead dwelt. The relation between the locations of late prehistoric burial grounds and settlements

This article addresses the question whether there is an association between the choice of locations of urnfields and contemporaneous settlements in the province of Drenthe. For both urnfield and settlement, three factors related to location choice have been tested in a GIS: physical geography (soil type, water table and geomorphology), visibility from the surrounding fields, and the presence of visible funerary monuments from earlier periods, especially megalithic tombs (Dutch: hunebedden) and Bronze Age burial mounds. The results have been compared: both urnfields and settlements show a preference for relatively high locations. Probably, this similarity is related to the requirements of dwelling and agriculture: burial follows habitation. However, in the choice of urnfield location, the proximity of earlier funerary elements was also taken into account. This does indicate a difference between urnfield and settlement location choice, despite the earlier-mentioned similarities between the two.

Noten

1. Rijksuniversiteit Groningen, Groninger Instituut voor Archeologie, Poststraat 6, 9712 ER Groningen, n.m.de.boer.1@student.rug.nl.
2. Deze bijdrage is gebaseerd op onderzoek uitgevoerd in het kader van de Bachelor-scriptie van de auteur (zie De Boer 2017).

Literatuur

Arnoldussen, S. & P.C.H. Albers, 2015. When urnfields lose their meaning… The case of Iron Age habitation amidst the Noordbarge urnfield. In: E.A.G. Ball & S. Arnoldussen (red.), *Metaaltijden 2. Bijdragen in de studie van de metaaltijden*. Leiden, Sidestone Press, 149-169.

Arnoldussen, S & K.M. de Vries, 2017. A plan in place? Celtic field habitation at Westeinde (prov. Drenthe, The Netherlands). *Lunula Archaeologia protohistorica XXV*, 79-89.

Bakker, J. A., 2010. *Megalithic research in the Netherlands, 1547-1911: 'from giant's beds' and 'Pillars of hercules' to accurate investigations*. Leiden, Sidestone Press.

Beek, R. van & A. Louwen, 2012. Urnfields on the move. Testing burial-site settlement relations in the eastern Netherlands, c. 1100-500 BC. *Archäologisches Korrespondenzblatt* 42-1, 41-60.

Boer, N.M. de, 2017. *Waar de doden woonen. Een GIS onderzoek naar de locatiekeuze van urnenvelden en nederzettingen in Drenthe*. Groningen (unpublished Ba Thesis/ongepubliceerde Ba-scriptie).

Bourgeois, Q., 2013. *Monuments on the Horizon. The formation of the barrow landscape throughout the 3rd and 2nd millennium BC* (Proefschrift). Leiden, Sidestone Press.

Cate, J.A.M. ten & G.C. Maarleveld, 1977. *Geomorfologische kaart van Nederland schaal 1:50 000. Toelichting op de legenda*. Wageningen/Haarlem, Stichting voor Bodemkartering/Rijks Geologische Dienst.

Giffen, A.E. van, 1938. Das Kreisgraben-Urnenfeld bei Vledder, Provinz Drenthem Niederlande. *Mannus. Zeitschrift für Deutsche Vorgeschichte* (30. Jahrgang 1938). Leipzig, Verlag Curt Kabitzsch, 331-384.

Harsema, O., 2005. Boerderijen tussen raatakkers. Nederzettingen op de noordelijke zandgronden. In: L.P. Louwe Kooijmans, P.W. van der Broeke, H. Fokkens & A. van Gijn (red.), *Nederland in de prehistorie*. Amsterdam, Uitgeverij Bert Bakker, 543-556.

Hessing, W. & P. Kooi, 2005. Urnenvelden en brandheuvels. Begraven en grafritueel in de late bronstijd en ijzertijd. In: L.P. Louwe Kooijmans, P.W. van der Broeke, H. Fokkens & A. van Gijn (red.), *Nederland in de prehistorie*. Amsterdam, Uitgeverij Bert Bakker, 631-654.

Kattenberg, A, A. de Kraker, C. Soonius, P. Stassen, C. Sueur, P. Verhagen, B. Groenewoudt, E. Rensink, H. Peeters, H. Weerts, M. Vermeulen & H. Fokkens, 2006. *Archeologische prospectie, NoaA hoofdstuk 6 (versie 1.0)* (www.noaa.nl), 1-55.

Kooi, P.B., 1979. *Pre-Roman urnfields in the north of the Netherlands* (PhD thesis). Groningen, Wolters-Noordhof.

Lohof, E. H., 1991. *Grafritueel en sociale verandering in de bronstijd van Noordoost-Nederland* (Proefschrift). Universiteit van Amsterdam.

Spek, T., 2004. *Het Drentse esdorpenlandschap: een historisch-geografisch studie*. Utrecht, Uitgeverij Matrijs.

Wolthuis, T.I. & S. Arnoldussen, 2015. IJzertijdbewoning: een toetsing van de bewoningsmodellen voor locatiekeuze en demografie. In: E.A.G. Ball & S. Arnoldussen (red.), *Metaaltijden 2. Bijdragen in de studie van de metaaltijden*. Leiden, 171-185.

Zijverden, W. van & J. de Moor, 2014. *Het groot profielenboek: fysische geografie voor archeologen*. Leiden, Sidestone Press.

Q130: surveys op het terrein van een hellenistische en Romeinse boerderij in zuid-Italië

Martijn van Leusen[1] *& Neeltje Oome*[2]

In het kader van het Raganello Archaeological Project is in 2010 het terrein van site Q130 onderworpen aan gedetailleerde archeologische en geofysische surveys (fig. 1). De site is gelegen op de mariene terrassen ten zuiden van de Raganello, een rivier in Noord-Calabrië (Zuid-Italië; Sevink *et al.* 2016: 35-39), en werd voor het eerst (zij het met een foutieve locatie) vermeld in De Rossi et al. 1969 als 'een groot terrein, rijk aan vondstmateriaal' uit de hellenistische of Romeinse periode. In 2000 werden de omliggende olijfgaarden voor het eerst door het RAP-team gesurveyed en werd de juiste locatie van deze grote aardewerkscatter met behulp van handheld GPS vastgesteld (Attema *et al.* 2001; Van Leusen & Attema 2003); in 2010 werd deze uitzonderlijk grote site ingezet voor een aantal experimenten met non-invasieve onderzoekstechnieken, waaronder ook magnetometersurvey om eventuele bewaard gebleven structuren te identificeren en om te bepalen of we hier te maken hebben met één grote boerderij danwel met een groep boerderijen of gehucht. In dit artikel presenteren en evalueren de auteurs de resultaten van die experimenten.

Oome, buitenpromovenda bij het GIA, publiceerde eerder al de hellenistische site 'Portieri', enkele kilometers meer naar het noorden in het voetheuvelgebied (Oome & Attema 2008). Van Leusen, lid van het GIA sinds 2001, deed sinds 2005 in het kader van de NWO-projecten 'Hidden Landscapes' en 'Rural Life' met promovendi en postdocs in dit gebied methodologisch onderzoek naar de verbetering en verdieping van archeologische prospectiemethoden in het Mediterrane gebied.

Het veldwerk

Als logisch vervolg op de kartering, in het kader van het meerjarige RAP-surveyprogramma van de onderzoeksgroep Mediterrane Archeologie van het GIA, van ruim 200 aardewerkscatters in slechts 8,5 km^2 van het stroomgebied van de Raganello in Noord-Calabrië (de 'teen' van de Italiaanse laars), is in 2010 een begin gemaakt met een reeks methodologische experimenten, die als doel hadden uit te vinden hoe op de meest efficiënte wijze meer nuttige informatie over die scatters geproduceerd kan worden. In het geval van site Q130 was het probleem niet, zoals wel gebruikelijk bij protohistorische aardewerkscatters, dat er ook na intensief surveyen slechts weinig, en vrijwel ondiagnostische, vondsten konden worden gedaan. Eerder was het omgekeerde het geval: op sommige hellenistische en/of Romeinse sites ligt zoveel materiaal dat het niet mogelijk is om het standaard RAP-surveyprotocol toe te passen. In zo'n geval moet er dus gezocht worden naar een alternatieve methode om een 'eerlijke' steekproef uit het beschikbare materiaal te nemen en tegelijkertijd te waarborgen dat eventuele ruimtelijke patronen in de verspreiding van dit materiaal opgemerkt en gekarteerd zullen worden. Site Q130, met een grootte van ongeveer 140 x 100 m en een hoge dichtheid aan zowel opslag- en keukenaardewerk als bouwmateriaal (voornamelijk daktegels), was uitermate geschikt voor experimenten op dit gebied; bovendien was het de enige site waar in de RAP-surveys fragmenten van uitzonderlijk grote *dolia* (voorraadvaten) zijn aangetroffen – reden temeer om een nader onderzoek in te stellen.

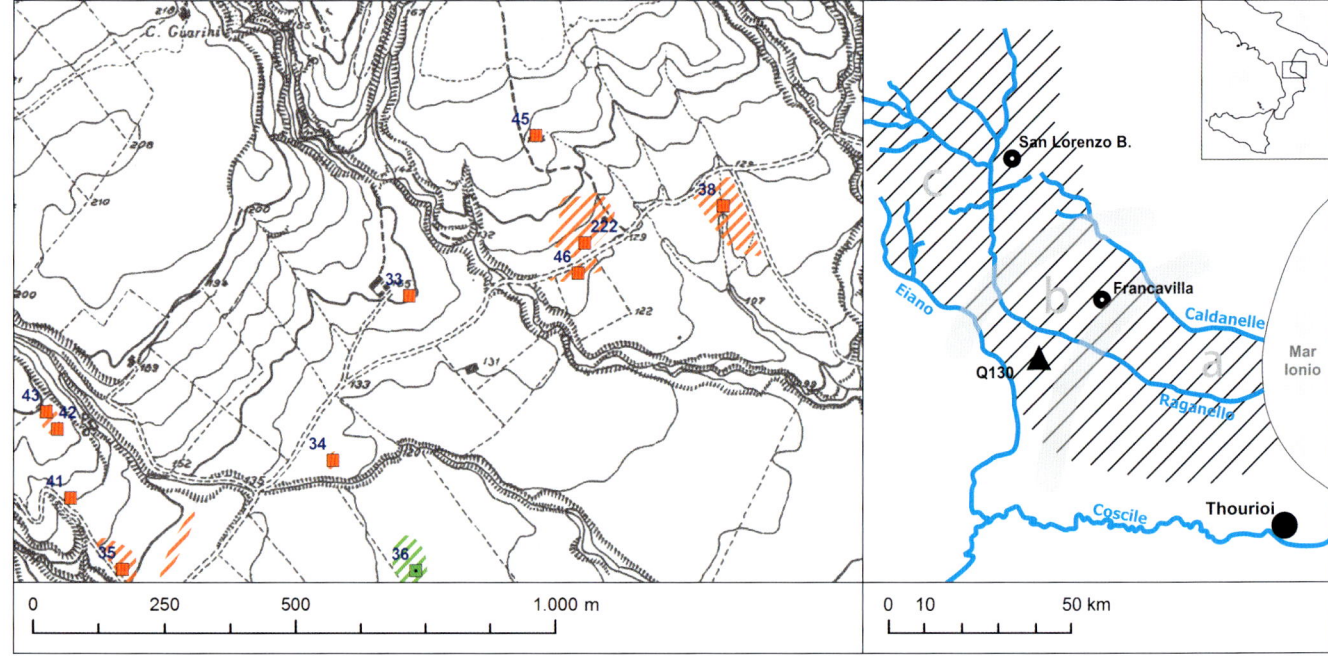

Fig. 1. Site Q130 (surveyscatters 222 en 46) en andere door het RAP gekarteerde hellenistisch-Romeinse sites liggen in een langgerekte cluster onderlangs de mariene klif die van linksonder naar rechtsboven door deze uitsnede van de surveykaart loopt. Verondersteld wordt daarom dat de moderne weg een antieke voorganger moet hebben gehad. Achtergrond: *Carta tecnica regionale* circa 1955. In alle figuren is het noorden boven. Het gebied als geheel bevindt zich in zone 'b' – de voetheuvels – van het stroomgebied van de Raganello.

Voor dit onderzoek is om te beginnen een 'quick scan' van het hele veld uitgevoerd, waarbij steeds iedere 12 m – om de twee rijen olijfbomen – de aantallen stenen groter dan een voet (potentieel bouwmateriaal) en scherven groter dan een handpalm (van opslagvaten en daktegels) werden geteld. Hiermee konden bij benadering de grenzen van de materiaalscatter worden vastgesteld en werd duidelijk dat er minstens twee concentraties aanwezig waren (een derde concentratie, alleen bestaande uit stenen, lag nog circa 100 m naar het NNW, zie fig. 2). Vervolgens is over een periode van dertien dagen ruim de oostelijke helft van de site – er was geen tijd voor een volledige kartering – in 210 vakken van 6 bij 6 m gesurveyed, waarbij is uitgegaan van de op die afstand regelmatig geplante olijfbomen. Hierbij is alle oppervlaktemateriaal verzameld en beschreven. Figuur 3b toont de verspreiding en de relatieve gewichten van daktegels en opslagaardewerk in meer detail, waarbij de twee concentraties duidelijk gedefinieerd worden; figuur 3c laat zien dat de verspreiding van fijne waar (vooral *Black Gloss*-aardewerk) afwijkt van die van het opslagaardewerk, en voor een deel zelfs complementair daaraan lijkt. Er is dus inderdaad een interne ruimtelijke structuur aan te brengen in site Q130, die verderop nader besproken zal worden.

Naast de oppervlaktesurvey is het oostelijke deel van Q130 in dezelfde campagne ook nog eens geofysisch gekarteerd, door het door ons ingehuurde bedrijf Eastern Atlas GmbH uit Berlijn, met behulp van magnetometrie (fig. 3a). Uit eerdere tests was gebleken dat, in de gegeven geologie van de mariene terrassen, magnetometrie veel betere resultaten oplevert dan bijvoorbeeld grondradar of weerstandsmetingen. Uit deze kartering komt naar voren dat ter plaatse van de kleinere concentratie aan oppervlaktemateriaal duidelijk een substantieel gebouw met orthogonaal muurwerk aanwezig is in de ondergrond; een tweede gebouw of groep gebouwen zou men verwachten bij de andere concentratie, maar het lijkt erop dat de 'ruis' veroorzaakt door

Fig. 2. Resultaten van de 'quick scan' survey. De site, die ongeveer 75 m ten noordoosten van de in De Rossi et al. 1969 aangegeven positie ligt (blauw gearceerd), wordt het best gedefinieerd door de verspreiding van de grote stukken aardewerk (rood, scatters 1 en 2). De dichtheid aan potentiële bouwsteen is aangegeven in geel. Achtergrond: luchtfotoserie 1990 van de Italiaanse topografische dienst IGMI.

de grote hoeveelheid daktegels, opslagvaten, keuken- en tafelaardewerk in de bouwvoor en aan de oppervlakte het eventuele geomagnetische signaal van dit gebouw geheel blokkeert. In figuur 3a is verder nog een aantal lineaire, ietwat schuin op de helling en parallel aan elkaar gelegen anomalieën te zien; omdat ze het signaal van de 'ruis' doorkruisen is het waarschijnlijk dat deze anomalieën getuigen van een veel latere – mogelijk zelfs relatief recente – ontginning van dit gebied. Tenslotte is in het midden van enkele van de centraal gelegen vakken soms nog een kleine anomalie te zien; hier gaat het om de door de oppervlaktekarteerders achtergelaten bergjes aardewerk die door de geofysici zijn 'gekarteerd'!

Resultaten van de oppervlaktesurvey

De survey werd door twee teams uitgevoerd. Het ene, onder leiding van Van Leusen, verzamelde per vak van 6 x 6 m al het oppervlaktemateriaal en liet dit op een hoopje in het midden van het vak achter; het andere, onder leiding van Oome, classificeerde en woog het materiaal en maakte een selectie van vondsten die sindsdien voor verdere studie opgeslagen liggen in de magazijnen van het nabij gelegen Nationaal Archeologisch Museum van Sibari. De in het veld ingevulde surveyformulieren werden meestal dezelfde dag nog door studente Darya van Tienhoven ingevoerd in een MS-Access database, die door Van Leusen voor latere analyses in het programma ArcGIS gekoppeld werd aan de gedigitaliseerde vakken en looplijnen.

Het verzamelde en geclassificeerde materiaal bestaat zoals gezegd voornamelijk uit fragmenten van (dak-) tegels, voorraadvaten, en een scala aan kleiner gebruiksaardewerk – in totaal ruim 18.000 fragmenten met een totaalgewicht van 2780 kg (tabel 1). Daarnaast zijn nog 244 mogelijk als bouwsteen gebruikte rivierkeien geregistreerd, plus 425 stuks (19 kg) andere voorwerpen en categorieën, waaronder enkele die bijdragen aan onze interpretatie van de site. De categorie 'tegels', onderscheiden in platte tegels (*tegola*) en gekromde pannen (*imbrex* en *coppa*), is numeriek in de meerderheid met bijna 11.000 determineerbare fragmenten en een totaalgewicht van 1813 kg. De circa 1400 fragmenten van voorraadvaten (*dolia*) wegen samen zo'n 663 kg, en hierbij kunnen we ook de 323 amfoorscherven (samen bijna 9 kg) tellen. Het totaal aan resterend keuken- en tafelaardewerk komt op zo'n 1080 fragmenten met een gewicht van 12,5 kg. Binnen die laatste groep is het vooral het *Black Gloss*-tafelaardewerk (112 fragmenten) dat ons een datering voor de aanleg en eerste gebruiksfase van de site in de hellenistische periode geeft: laat 4de en 3de eeuw v.Chr. Carter (1990, 408) beschouwt de aanwezigheid van *Black Gloss* als een goede indicatie dat een dergelijke site er niet slechts was voor de agrarische productie, maar ook gebruikt werd als permanente woonplaats.

De verspreidingen van deze onderscheiden categorieën kunnen ons, zoals uit figuur 3b en 3c blijkt, al iets zeggen over de functionele indeling van de site, maar daarnaast bevinden zich in

Fig. 3. Verspreidings-kaarten van het onderzochte gebied: a) gebieden met 'ruis' in de magnetometrie vallen samen met de hoogste concentraties aan aardewerk, b) verspreiding van opslagaardewerk (rood) versus daktegels (blauw), c) verspreiding van fijn tafelaardewerk (aqua) versus opslagaardewerk (rood).

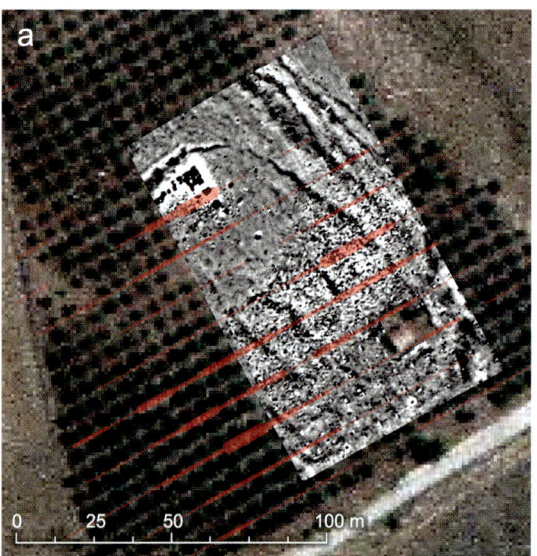

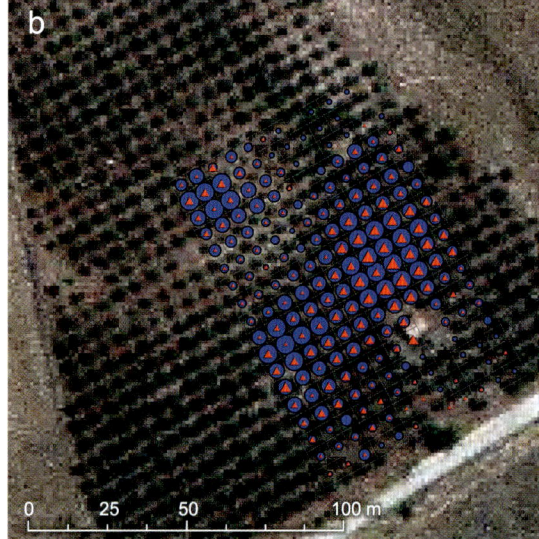

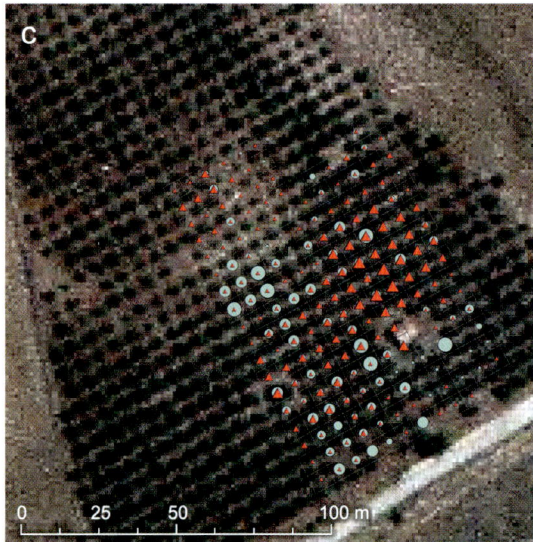

de al genoemde 'restcategorie' ook fragmenten van relatief luxe bouwmaterialen, zoals geverfd muurpleister en *cocciopesto* (een soort cement van aangestampt aardewerk en klei), die wijzen op de aanwezigheid van luxe(re) vertrekken en faciliteiten zoals een badkamer of zelfs een badgebouw, en voorwerpen zoals weefgewichten en een maalsteen die wijzen op de huishoudelijke productie van stoffen en meel. Het voorkomen van beschilderd pleister, in combinatie met enkele fragmenten *Terra Sigillata* en *African Red Slip Ware* en bepaalde typen amfoorscherven, wijst erop dat de site mogelijk tot in de late keizertijd in gebruik is gebleven. Figuur 4 geeft de belangrijkste verspreidingen.

Discussie

Uit recent onderzoek van Carter en Prieto (2011) in de ten noordoosten van ons gebied gelegen regio Metapontino blijkt dat assemblages van *Black Gloss*, keukenaardewerk, voorraadvaten, en voorwerpen als weefgewichten, vijzels en maalstenen typisch zijn voor hellenistische boerderijen. Dit beeld lijkt voor de Sibaritide te worden bevestigd (Oome en Attema 2018). Carter's survey van Fattoria Fabrizio (Carter 1990: 413-4; Lanza Catti et al. 2014) liet zien dat dergelijke boerderijen een fundament van steen hebben en daken bedekt met pannen. Dit zou de aanwezigheid van een deel van onze bouwmaterialen kunnen verklaren. Het in de magnetometrie zichtbare deel van een gebouw meet ca. 15 x 20 m en is mogelijk van het 'courtyard' type, met een reeks kamers gegroepeerd rond een binnenplaats. De

Tabel 1. Classificatiesysteem en totale aantallen en gewichten per categorie voor de aardewerkvondsten van site Q130.

ID	vondstklasse	aantal fragmenten	gewicht (kg)	aantal in opslag
2	Tegel of opslagvat, onbepaald	4.614	283,7	0
2a1	Platte daktegel (Tegola)	8.973	1644,7	10
2a2	Gekromde daktegel (Imbrex/Coppa)	1.835	168,0	2
2b1	Zeer grote opslagvaten (wandscherven dikker dan 4 cm)	469	278,0	0
2b2	Normale opslagvaten (wandscherven dunner dan 4 cm)	927	384,7	1
3a	Grove waar (< 1,5 cm dik)	259	1,9	7
3b	Grove waar (> 1,5 cm dik)	128	5,5	8
4	Amfoor	323	8,7	4
5	Gedepureerde waar	27	0,2	1
5a	Keukenaardewerk (dikker dan 1 cm)	47	1,5	1
5b	Tafelaardewerk (dunner dan 1 cm)	403	2,9	7
6	Black Gloss waar	112	0,7	11
	Totaal	18.117	2780,5	52

Fig. 4. Verspreidingen van *cocciopesto* (gele ellips), pleister (groen), weefgewichten (blauw) en TS/ARSW (oranje), afgezet tegen het opslagaardewerk (rood).

verspreiding van tegelfragmenten maakt echter duidelijk dat er op Q130, naast dit substantiële gebouw, meer gebouwen met een pannendak aanwezig moeten zijn geweest.

De 'complementaire' verspreidingen van fijn hellenistisch aardewerk en bouw- en opslagmateriaal (fig. 3c) stellen ons voorlopig voor een raadsel: het fijne aardewerk kan in theorie behoren bij hellenistische gebouwen die geheel afgedekt zijn door bouw- en opslagmateriaal uit een latere fase, maar ook veroorzaakt zijn door latere (Romeinse) verploeging van een hellenistisch grafveldje behorend bij het 'courtyard' gebouw.

Site Q130 bevindt zich hemelsbreed slechts op ongeveer 10 kilometer ten noordwesten van de panhellenistische kolonie Thourioi, een hellenistische stad die gebouwd is op de resten van de archaïsche Griekse koloniestad Sybaris (Attema *et al.* 2010: 89-91). Aannemelijk is, dat Q130 net als de eerder door Oome en Attema (2008) gepubliceerde site 'Portieri' en vele andere hellenistische boerderijscatters in het voetheuvelgebied rond de vlakte van Sibari, in sociaal-economische en politieke zin gebonden was aan Thourioi (Attema et al. 2010, 155). Dit wordt door Oome en Attema nader uitgewerkt in een tegelijk met dit artikel verschijnend overzicht van de door het GIA gekarteerde hellenistische rurale nederzettingen in het territorium van Thourioi (Oome en Attema 2018), dus hier beperken we ons tot hetgeen direct relevant is voor site Q130.

De surveys van De Rossi *et al.* (1969) en het Raganello Archaeological Project (2000-2010) tonen aan dat het aantal boerderijen in de laat 4de en 3de eeuw v.Chr., overigens net als in veel andere delen van Italië, sterk toeneemt; in totaal documenteerden de RAP-teams ongeveer 50 sites en nog eens tien meer diffuse ('off-site') hellenistische verspreidingen, in grote meerderheid gelegen in de voetheuvelzone die de vlakte van Sibari omringt. Deze hellenistische rurale expansie wordt in verband gebracht met een reeks innovaties in de landbouwtechnologie, zoals het gebruik van bemesting en de aanleg van drainagesystemen, waardoor een meer intensieve en gespecialiseerde exploitatie van het land mogelijk werd en waarmee een groeiende urbane markt kon worden bediend (Attema *et al.* 2010, 160-166).

De aanwezigheid van de genoemde fragmenten van zeer grote dolia (tot wel 2 m hoog), gelijkend op vaten die in gebruik waren in de Romeinse kolonie Copiae (een voornamelijk administratief centrum, op de ruïnes van Thourioi gesticht in 194 v.Chr.), strookt met die van het fijne aardewerk en het beschilderde pleisterwerk, en duidt erop dat deze boerderij in de Romeinse keizertijd nog steeds (of opnieuw) in gebruik was. De verspreiding van *cocciopesto* en pleister valt samen met de grotere van de twee scatters daktegels en opslagvaten, die we om deze reden tentatief aan de Romeinse periode kunnen toewijzen. Of we uit de aanwezigheid van dergelijke – zij het ook bescheiden – luxe-indicatoren ook mogen opmaken dat het om een zelfstandige boerderij (een *fattoria*) gaat, en niet om een door een opzichter beheerde productie-eenheid, is onzeker. In die periode is er sprake van een enorme reductie in het aantal rurale sites – van de 14 door Oome en Attema (2018) onderzochte hellenistische sites hebben er slechts vijf ook een Romeinse fase - gepaard aan een extensivering van de landbouweconomie die dan door *absentee landlords* – vaak senatoren – vanuit Rome wordt aangestuurd; wellicht moeten de grote opslagvaten dan ook in deze context van supraregionale economie geïnterpreteerd worden.

Op methodologisch gebied valt tenslotte op te merken dat de identificatie van bouwwerken door middel van geomagnetische survey gelegenheid geeft tot een effectievere planning van eventuele opgravingen op site Q130; dat de 'quick scan' telling van bouwmateriaal een voldoende betrouwbaar beeld van de materiaalverspreiding op de site heeft gegeven om de locaties van individuele gebouwen te bepalen; en dat het experiment ons nu in staat stelt om veel beter in te schatten hoeveel tijd en menskracht er gemoeid zal zijn met eventueel toekomstig onderzoek aan dergelijke materiaalscatters. Missie geslaagd dus.

Dankwoord

Het veldwerk werd uitgevoerd met financiële steun van het GIA en, wat de geofysica betreft, van het door NWO gefinancierde project 'Rural Life in Protohistoric Italy' (dossier no. 360-61-010). Bij de uitvoering waren betrokken: Rudolf Kniess en Burkart Ullrich (beide Eastern Atlas GmbH), Wieke de Neef (promovenda GIA), Darya van Tienhoven, Tineke Roovers en Emma Oostlander (studenten GIA) en Hanin el-Helo, Ben Gilding, Rebecca Tessier, en Malory Wilson (studenten van de Universiteit van Ottawa).

Q130: surveys over the site of a Hellenistic-Roman farm in southern Italy

This article reports on the results of survey experiments conducted by a GIA team in 2010 over the site of a Hellenistic-Roman farm, Q130, located in the foothills enclosing the Sibaritide coastal plain in southern Italy. The experiments show that a 'quick scan' surface survey method achieves good results in locating the main structures, matching the results of a gradiometer survey conducted simultaneously, and that further useful chronological and functional detail was obtained by 'total' survey and in-field classification of the finds. The socio-economic context of this farm site must obviously be sought in the nearby Hellenistic colony of Thourioi and its Roman successor Copiae, but further questions about the character and chronology of the site can only be answered by excavation.

Literatuur

Attema, P.A.J., T. de Haas, J. Huis in 't Veld, P.M. van Leusen & M. Rooke, 2001. SIBA2000, voorbereidend landschapsonderzoek in de Sibaritide, *PaleoAktueel* 12 (2000): 47-53.

Attema, P., G.-J.L.M. Burgers & M. van Leusen, 2010. *Regional pathways to complexity: settlement and land-use dynamics in early Italy from the Bronze Age to the Republican period*, Amsterdam University Press, Amsterdam.

Carter, J.C., 1990. Metapontum: Land, Wealth, and Population. In: *Greek Colonists and Native Populations, Proceedings of the First Australian Congress of Classical Archaeology*. Oxford, Clarendon press, 405–441.

Carter, J.C. & A. Prieto, 2011. *The Chora of Metaponto 3: archaeological field survey Bradano to Basento*. University of Texas Press, Austin.

De Rossi, G.M., L. Pala, L. Quilici & S. Quilici-Gigli, 1969. *Carta archeologica della piana di Sibari* (extract from Atti e Memorie della Società Magna Grecia, Nuova Serie IX-X (1968-1969): 91-155). Roma: Società Magna Grecia.

Lanza Catti, E., K. Swift & J.C. Carter, 2014. *The chora of Metaponto 5: a Greek farmhouse at Ponte Fabrizio*. University of Texas Press, Austin.

Leusen, P.M. van & P.A.J. Attema, 2003. Regional archaeological patterns in the Sibaritide: preliminary results of the RPC field survey campaign 2000. *Palaeohistoria* 43/44, 397-416.

Oome, N. & P.A.J. Attema, 2008. Portieri, a Hellenistic fattoria in the foothills of the Sibaritide (Calabria, Italy): site report and shard catalogue. *Palaeohistoria* 49/50, 617-685.

Oome, N. & P.A.J. Attema, 2018. Rural settlement from the Hellenistic period in the GIA surveys in the Sibaritide (North Calabria, Italy) and its relation with the Greek city-state of Thurii. *Palaeohistoria* 54/55.

Sevink, J., M. den Haan & P.M. van Leusen, 2016. *Soils and Soil Landscapes of the Raganello River Catchment (Calabria, Italy)*. Raganello Basin Studies 2, Barkhuis, Groningen.

Ullrich, B. & W. de Neef, 2010. *Geophysical survey at the Raganello Archaeological Project near Francavilla Marittima (province of Cosenza, Calabria, Italy)*. Eastern Atlas report 1021.

Cropmarks in het Tiberdal: onderzoek naar gebruik en bewoning van de Tibervallei nabij Crustumerium in de Romeinse tijd

Tom Trienen[1] *& Peter Attema*[2]

Sedert 2016 voert het Groninger Instituut voor Archeologie opgravingen en landschapsarcheologische verkenningen uit op en rond de Latijnse nederzetting Crustumerium (Attema *et al.* 2016). Crustumerium ligt op een heuvel uitkijkend over het Tiberdal, in een rechte lijn slechts op zo'n 16 km afstand van het hart van Rome. Via de Tiber gemeten bedraagt deze afstand echter zo'n 37 km stroomafwaarts, vanwege het sterk meanderende karakter van de rivier. Ondanks de grotere afstand mogen we op grond van historische en archeologische bronnen aannemen, dat de Tiber in het verleden een belangrijke rol heeft gespeeld als verbinding tussen de nederzettingen in het binnenland en de kust nabij Ostia, met Rome als belangrijke spil (fig. 1). Recentelijk is het Crustumeriumonderzoek onder meer gericht op de landschappelijke reconstructie van het Tiberdal gedurende de protohistorische en Romeinse periode, met als doel inzicht te verkrijgen in landschapsontwikkeling gedurende deze tijd. In 2014 en 2015 besteedde het team daarom een aantal dagen aan het vergaren van gegevens over de sedimentatiegeschiedenis van dit deel van het dal (fig. 2).[3]

Directe aanleiding voor dit artikel vormt de bestudering van luchtfotografische opnames van het gebied, door de eerste auteur, als onderdeel van het landschapsarcheologisch onderzoek rond Crustumerium. Inspectie van die luchtfoto's bracht zogenaamde 'cropmarks' (vegetatiesporen) aan het licht in het Tiberdal, wijzend op de aanwezigheid van een omvangrijke structuur gelegen langs een paleo-meander (fig. 3). Boringen op en rond de plekken van de cropmarks geven inzicht in de chronologie van het lokale sedimentatieregime vanaf de Oudheid.[4] In deze bijdrage bespreken we het belang van deze observaties, met speciale aandacht voor de mogelijke interpretatie ervan en hoe deze kunnen bijdragen aan de reconstructie van bewoning en landgebruik in de Tibervallei gedurende de Oudheid. Een bespreking van het belang van dergelijk onderzoek als bron van informatie voor de sedimentatiegeschiedenis van de Tibervallei is in voorbereiding.

De (ontbrekende) archeologie van het Tiberdal in de Oudheid

De Tiber speelt een belangrijke rol in de geschiedenis en mythologie van Rome en Centraal Italië, speciaal waar het de opkomst van Rome betreft. Livius stelde al dat Rome gunstig gelegen was op enige afstand van de kust, waarmee het niet te kwetsbaar was voor aanvallen vanuit zee, en dichtbij het heuvelachtige en productieve achterland.[5] Inderdaad maken de literaire bronnen gewag van grote hoeveelheden wijn, olie en andere landbouwproducten die met schepen over de Tiber werden vervoerd gedurende de Romeinse tijd (Le Gall 1953, 263-4). Vondsten, waaronder amforen uit Spello gevonden te Rome, vormen het bewijs van economische banden met het gebied stroomopwaarts langs de Tibervallei (Patterson 2004, 62).

Archeologische gegevens over nederzettingen en infrastructuur in de eigenlijke riviervallei zijn echter zeldzaam, ondanks de vele archeologische surveys uitgevoerd in de landschappen aan beide zijden van de Tiber. Het Tiber Valley Project (TVP) van de British School te Rome, bijvoorbeeld, integreerde en herwaardeerde archeologische gegevens van diverse surveyprojecten. Daarmee heeft het een grote rol gespeeld in de opbouw van onze kennis van de

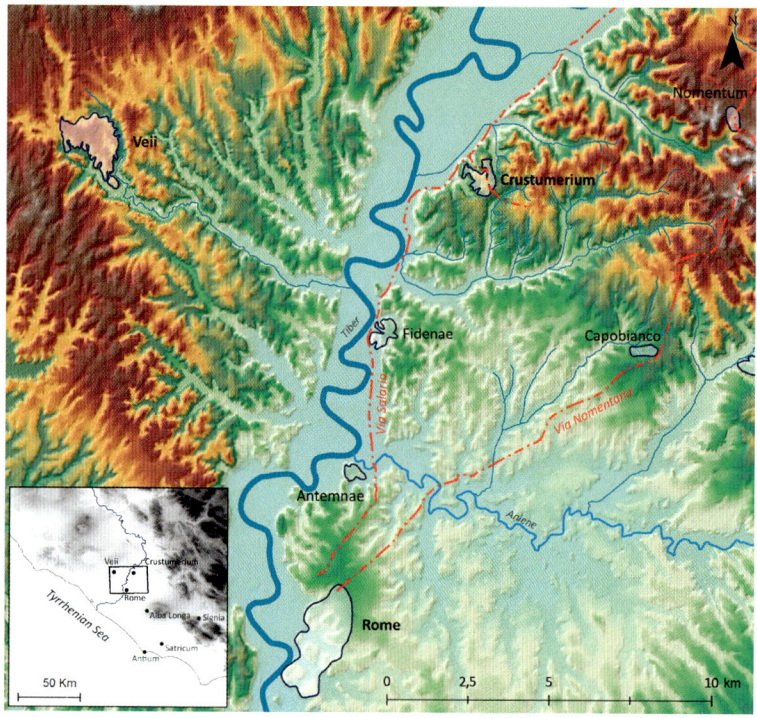

Fig. 1. Overzichtskaart van de Tibervallei en daarlangs gelegen nederzettingen (uit Attema et al. 2016, map 1.1).

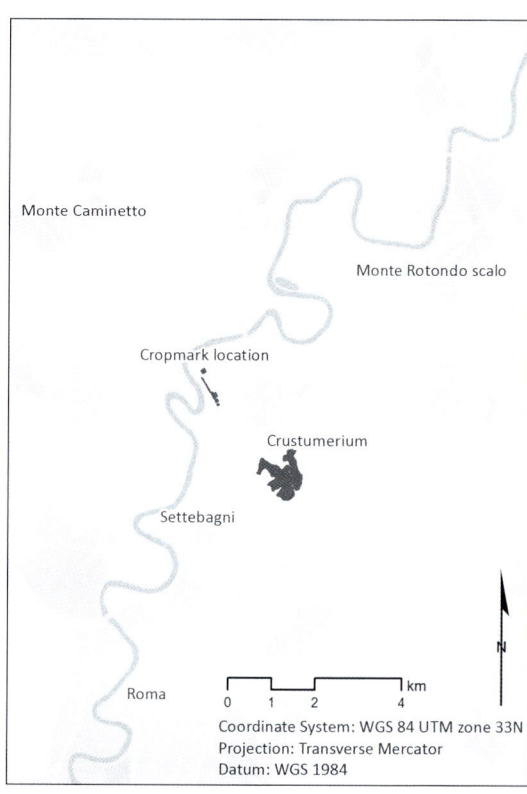

Fig. 2. Ligging van het onderzoeksgebied. De nederzetting Crustumerium en de cropmarks in de Tibervallei zijn aangegeven. Service Layer Credits: Esri, HERE, De Lorme, MapmyIndia, copyright OpenStreetMap contributors, and the GIS user community.

nederzettings- en landgebruiksgeschiedenis in het gebied direct ten noorden van Rome (Patterson 2004, 2; Di Giuseppe 2018). De surveys van het TVP waren, net als de surveys die in het kader van het Italiaanse karteringsproject *Forma Italiae* werden uitgevoerd (Cures Sabini: Muzzioli 1980; Nomentum: Pala 1976) en de surveys uitgevoerd in de omgeving van de Archaische nederzetting Crustumerium zelf (Quilici & Quilici Gigli 1980; Attema et al. 2014, 175 – 196), alle gericht op de heuvels aan beide zijden van de riviervallei en begrijpelijkerwijs niet op het dal, waarvan bekend is dat het gevuld is met recent riviersediment. Dit heeft er tot op de dag van vandaag in geresulteerd dat het Tiberdal als een 'désert archéologique' moet worden gekarakteriseerd, zoals Le Gall (1953, 186) het omschreef.

Deze feitelijke archeologische armoede contrasteert met het beeld dat naar voren komt uit de geschreven bronnen. Varro, bijvoorbeeld, wijdde in zijn *De Re Rustica* een passage aan het landschap rond Crustumerium, waarin hij velden en veldgrenzen noemt waarvan we moeten aannemen dat zij deel uitmaakten van een intensief geëxploiteerd landschap in het Tiberdal zelf.[6] Ook Cicero verwijst naar bouwactiviteiten in het Tiberdal van een schaal die we niet terugvinden in archeologische waarnemingen. In zijn oraties *Pro Roscio Amerino* komt de volgende passage voor: "Men wijst deze laatste op de omvang van het vermogen; men maakt hem attent op de kwaliteit van de goederen (Roscius laat immers dertien landeigendommen na, die bijna alle aan de Tiber grenzen)".[7] Archeologische projecten die het Tiberdal zelf betroffen, hebben tot nu toe slechts enkele sites opgeleverd over een gebied van meer

Cropmarks in het Tiberdal

Fig. 3. De cropmarks zoals te zien op een Google Earth luchtopname. De pijlen geven de paleo-rivierbeddingen aan van de Tiber. Google Earth. (20 juli 2012). Sette Bagni, Italië. 42° 01' 54.23"N, 12° 31' 34.53"O, ooghoogte 2km. Map credit: Google; DigitalGlobe 2015.

dan 2200 hectare. G.D.B. Jones (1962, 202) bijvoorbeeld, maakt gewag van een aantal aardewerkverspreidingen in zijn onderzoek van de Ager Capenas, alsook Muzzioli in de *Forma Italiae* betreffende zijn onderzoek van de nederzetting Cures Sabini en omgeving, en Pala in zijn boek over Nomentum (Muzzioli 1980, 120-1; 152-3; Pala 1976, 156). De vondstplekken zijn dus zeldzaam, de documentatie ervan gering en de interpretatie moeilijk. De documentatie van een van deze sites bestaat bijvoorbeeld alleen uit de beschrijving van een herinnering van schippers aan het voorkomen van Romeins vondstmateriaal - onder andere fragmenten van een mozaïek - zichtbaar in de oeverwal van de Tiber toen ze goederen aan boord van hun schip brachten (Pala 1976, 156).

De cropmarks

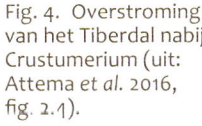

Fig. 4. Overstroming van het Tiberdal nabij Crustumerium (uit: Attema *et al.* 2016, fig. 2.1).

We moeten aannemen dat de dalgronden dichtbij Rome waar mogelijk intensief gebruikt zijn, gestimuleerd door hogere winst op landbouwproducten bij afname van transportkosten. Uit de bronnen komt het beeld naar voren van de Tiber als een soort van antieke *superhighway* die werd benut door handelaren die in door de mens voortgetrokken boten bulkgoederen naar de hoofdstad vervoerden, zoals wijn en bederfelijke waar, maar ook bouwmaterialen en brandhout. Tot op heden is er echter weinig archeologisch bewijs voor

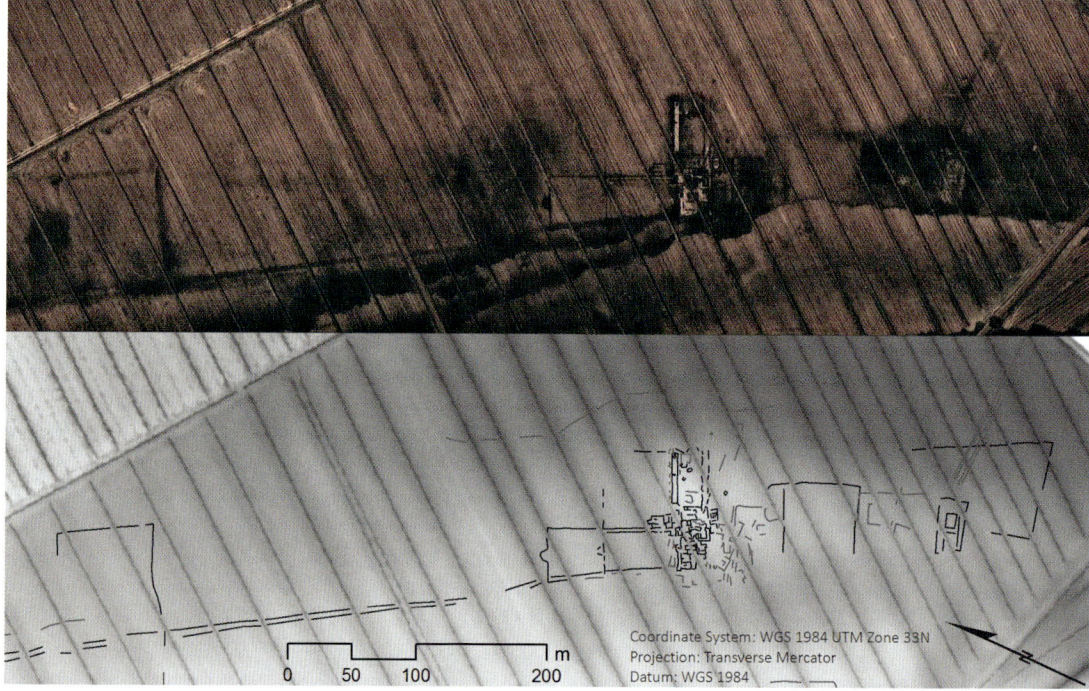

Fig. 5. Een close-up van de luchtfoto van figuur 2 en interpretatie van de cropmarks met als achtergrond LIDAR. De pijlen geven de linaire cropmark aan die beide delen van de cropmarks verbindt. Hoogtes variëren van 16 tot 21 meter ASL. Map credit: Google; DigitalGlobe 2015.

Fig. 6. Geannoteerd overzicht van de belangrijkste cropmarks. Map credit: Google; DigitalGlobe 2015.

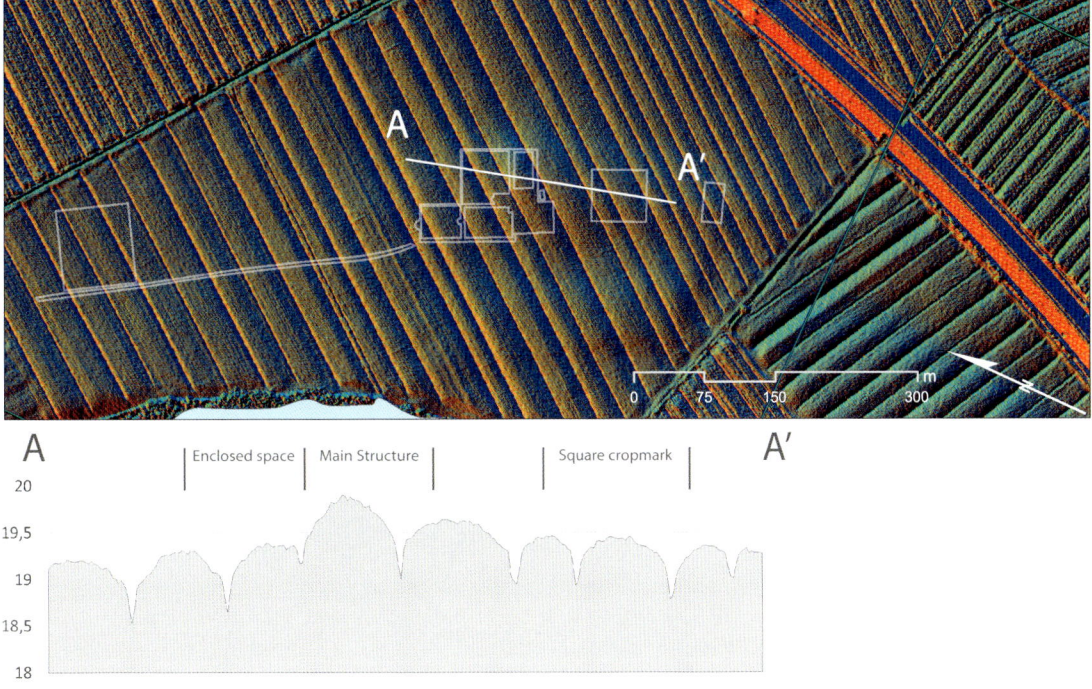

Fig. 7. *Multi-directional hillshading* met een doorsnede van de locatie van de cropmarks. Interpretatie van de cropmarks aangegeven in wit. Coordinate System: WGS 1984 UTM Zone 33N, projection: Transverse Mercator, datum: WGS 1984.

overblijfselen van de infrastructuur die deze handel moet hebben ondersteund, afgezien van die in Rome zelf natuurlijk. Deze discrepantie tussen archeologische en historische bronnen dient in de eerste plaats te worden verklaard door de fysieke condities waar potentiële sites, zoals rivierhavens, oversteekplaatsen, jaagpaden en boerderijen zich in bevinden: onder water, verspoeld of afgedekt met alluviaal afgezette klei. Foto's van het Tiberdal uit het begin van de 20ste eeuw laten bijvoorbeeld forse overstromingen zien (fig. 4). Hieruit volgt dat detectie van archeologische structuren met conventionele archeologische methoden op het eerste gezicht onmogelijk is.

Niettemin, zoals wij zullen laten zien, heeft het rivierdal archeologisch potentieel en kunnen indicaties voor nederzettingen worden gevonden. In de luchtfoto in figuur 5 is een areaal met vegetatiesporen te zien met een omvang van rond de 12 ha. Hoewel de hoeveelheid aardewerk aan het oppervlak gering is, duiden de potscherven op een datering in de (latere) Romeinse periode. De luchtopnames (figuren 3 en 5) suggereren de aanwezigheid van meerdere structuren. Deze zijn zichtbaar als vegetatiesporen, met elkaar verbonden door een rechte lineaire cropmark. Geomagnetische survey bevestigt de aanwezigheid van meerdere structuren, maar de aard ervan is niet duidelijk zonder opgravingen uit te voeren, hetgeen op dit moment niet tot de mogelijkheden behoort. Handboringen uitgevoerd door het team tonen aan dat er plaatselijk een diepe archeologische stratigrafie aanwezig is, die wijst op het voorkomen van (de resten van) een ondergesedimenteerd gebouw. Dit veronderstelde gebouw lijkt onderverdeeld te zijn in verschillende ruimten (figs. 6: 1 and 6: 3), een hof ten noorden ervan dat geflankeerd wordt door twee langgerekte structuren (fig. 6: 2), mogelijke portico's, en drie omsloten ruimtes (fig. 6: 3). De gecombineerde ruimte 6: 1, 6: 2 en 6: 4, die we zien als de hoofdstructuur, meet 160 bij 100 meter en is gekarakteriseerd door een aantal 'kamers'. Sommige daarvan zijn te onderscheiden als vaalgele vierkanten, andere als lijnen in de vegetatie die mogelijk muren aanduiden. De zuidwestelijke 'portico' (fig. 6: 2) is vaalgeel met groene vlekking in het noordoosten van de cropmark. De mogelijkheid bestaat dat hier, en in andere gebieden waar deze vaalgele kleur te zien is, intacte vloerniveaus bewaard zijn die diepe worteling van de vegetatie belemmeren en daarmee contact met grondwater. Dit is mogelijk ook het geval met de noordoostelijke 'portico' (fig. 6: 2). Echter hier wordt de cropmark onderbroken door een moderne sloot. Dit is een aanwijzing dat de archeologie hier niet erg diep onder het oppervlak zit. De 'portico' kan niettemin goed worden gevolgd en lijkt de noordoostelijke begrenzing te vormen van het complex. In totaal meet het gebied met de 'portico's' (fig. 6.2) 40 bij 28 meter, waarbij de 'portico's' elk een breedte hebben van 3 meter. Zuidelijker van de hoofdstructuur zijn enkele vage cropmarks te zien die mogelijk een ander deel van dezelfde structuur voorstellen (fig. 6: 4). Het is echter onzeker of dit deel contemporain is met de bovengenoemde structuren.

Door de cropmarks over een MDHS (Multi-Directional HillShade) model te leggen, gemaakt van de DEM met een resolutie van 1 m, (fig. 7) wordt het onderlinge verband zichtbaar tussen hoogte in het landschap en cropmarks. Het blijkt dat het veld op de locatie van de cropmarks zo'n 60 cm hoger is dan zijn omgeving. Deze verhoging kan zijn veroorzaakt door een in het huidige landschap niet meer zichtbaar platform. Op zo'n platform, in de Romeinse architectuur een *basis villae* genoemd, normaliter bestaande uit een serie tongewelven, stond dan de eigenlijke villa. Deze *basis villae* zou dan in een latere periode kunnen zijn hergebruikt (fig. 7: hoofdstructuur). Andere delen van de structuur zijn overigens niet geassocieerd met hoogteverschillen. Deels kan dit worden verklaard door hedendaags landgebruik; ploegen nivelleert op den duur de micro-topologie.

Handboringen door het team uitgevoerd om de cropmarks te onderzoeken brachten kleine stukjes aardewerk naar boven en in een aantal boringen was donkere grond aanwezig, mogelijk het resultaat van menselijke activiteit. Eén van de boorkernen bevatte een witte *tessera* (een klein marmerfragmentje van een Romeins mozaiek) op een diepte tussen de 300 en 350 cm en restanten van bouwmaterialen (met name tufsteen en kalksteen vanaf 110 cm diepte). Bovengenoemde boringen konden niet dieper worden doorgezet dan 450 cm. Verdere boringen zijn gedaan op locaties waar we een vloerniveau of muur verwachtten.

Conclusie

De ontdekking van cropmarks in het Tiberdal laat de mogelijkheden zien voor het uitvoeren van een systematisch onderzoeksprogramma met het doel sporen van de voormalige geografie, nederzettingen en landgebruik in het Tiberdal op te sporen en te onderzoeken. Om zo'n programma uit te voeren is een benadering vereist die remote sensing vanuit de lucht combineert met remote sensing op het maaiveld ondersteund door boringen (zowel mechanisch als met de hand) en artefact survey om zo met non-invasieve methoden gedetecteerde sporen archeologisch te verifiëren. Onze case study laat bovendien zien dat duidelijke en omvangrijke cropmarks kennelijk maar met weinig oppervlaktemateriaal, zoals potscherven, geassocieerd hoeven te zijn. De gesignaleerde potscherven zijn waarschijnlijk aan het oppervlak gekomen na het uitgraven van sloten ten behoeve van de drainage van landbouwgrond. Vergelijkbare lage aantallen scherven elders kunnen daarom ook een aanwijzing vormen voor aanwezige structuren.

Dankwoord

De auteurs bedanken Elizabeth Jane Shepherd en de staf van de Aerofototeca Nazionale (Istituto Centrale Catalogo Documentazione te Rome) die de luchtfoto's beschikbaar stelden die leidden tot de ontdekking van deze site, prof. Jan Sevink

(UVA-IBED) voor zijn fysisch geografische expertise, dr. Paola Filippini en Anselmo Malizia voor de archeologische vergunning om dit onderzoek te mogen uitvoeren en landeigenaar graaf Grazioli voor zijn welwillendheid om op zijn land het uitvoeren van boringen toe te staan.

Cropmarks in the Tiber valley: research into the use and occupation of the Tiber valley near Crustumerium in Roman times

This paper reports on a short field campaign aimed at investigating an extensive cropmark identified in aerial photography by the first author. The cropmark is situated in the Tiber floodplain near the ancient settlement of Crustumerium, north of the centre of Rome and close to old riverbanks of the river Tiber. Surface finds, coring and geophysical mapping suggest that the cropmark indicates the buried remains of a substantial building complex of probably Roman Imperial date. This is an important discovery, which contributes to our understanding of the palaeogeography, sedimentation regime and settlement history of the Tiber floodplain. In this paper we limit ourselves to an initial (and speculative) interpretation of the cropmark in terms of its extent and individual components. The fieldwork was carried out in the framework of the Crustumerium project of the Groningen Institute of Archaeology, in collaboration with the Archaeological Superintendency of Rome.

Noten

1. tomtrienen@archaeodigit.nl.
2. Rijksuniversiteit Groningen, Groninger Instituut voor Archeologie, Poststraat 6, 9712 ER Groningen, p.a.j.attema@rug.nl.
3. Het boorprogramma wordt uitgevoerd onder wetenschappelijke leiding van Prof. J. Sevink (Universiteit van Amsterdam, IBED) als onderdeel van het Crustumerium project (Crustumerium.nl). Teamleiders in de 2014 campagne waren Michael den Haan (Universiteit van Amsterdam) en Nikolaas Noorda (Universiteit van Groningen). De leden van het boorteam in 2015 campagne waren Remco Bronkhorst, Nikolaas Noorda (beiden van de Universiteit van Groningen) en John Wamsteker (vrijwilliger).
4. De resultaten van de boorcampagne zullen worden gepubliceerd in de serie Corollaria Crustumina vol. 3 (Universiteit van Groningen en Barkhuis).
5. Liv. 5.54.4.
6. Varro, De re rustica lib. I, XV.
7. Uit de pleitrede van Marcus Tullius Cicero voor Sextus Roscius van Ameria, VI.20 Vertaald door A. van den Daele. Vertaald door A. van den Daele, Desclée de Brouwer (Brugge - Utrecht), 1964 (Helios-reeks).

Literatuur

Attema, P.A.J., J. Seubers, S. Willemsen, R. Bronkhorst, P. Filippini, B. Belelli Marchesini, A. Malizia & A.M. Nielsen, 2016. *Death and Afterlife at the Gates of Rome* (exhibition catalogue, Copenhagen, Ny Carlsberg Glyptotek 19.5-23.10-2016). Copenhagen, Narayana Press.

Attema, P.A.J., F. di Gennaro, J. Seubers, B. Belelli Marchesini & B. Ullrich, 2014. Early urbanization at Crustumerium (Rome, Italy) between the 9th and 5th B.C. *Journal of Roman Archaeology* Supplementary series 97.

Di Giuseppe, H. 2018, *Lungo il Tevere, scorreva lento il tempo dei paesaggi tra XV e I secolo a.C.* Roma, Science e Lettere.

Jones, G.D.B., 1962. *Capena and the Ager Capenas. Papers of the British School at Rome*, vol. 30, pp. 116-207. Cambridge, Cambridge University Press.

Kokalj, Ž., K. Zakšek, K. Oštir, 2011. Application of Sky-View Factor for the Visualization of Historic Landscape Features in Lidar-Derived Relief Models. *Antiquity* 85, 327: 263-273.

Le Gall, J. 1953. *Le Tibre dans l'antiqué: Fleuve de Rome*. Paris, Presses Universitaires de France.

Muzzioli, M.P., 1980. *Cures Sabini*. Firenze.

Pala, C., 1976. *Nomentum*. Firenze.

Patterson, J.R., 2004. City, Territory and Metropolis: the case of the Tiber valley. In: H. Patterson, *Bridging the Tiber; Approaches to regional Archaeology in the Middle Tiber Valley*. BSR, Rome/London.

Patterson, H. 2004. Introduction. In: H. Patterson, *Bridging the Tiber; Approaches to regional Archaeology in the Middle Tiber Valley*. BSR, Rome/London.

Quilici, L. & S. Quilici-Gigli, 1980. *Crustumerium*. Roma.

Zakšek, K., K. Oštir, Ž. Kokalj, 2011. Sky-View Factor as a Relief Visualization Technique. *Remote Sensing* 3, 398-415.

Een gehoorkapsel van een grijze walvis (*Eschrichtius robustus*) uit Wijster (Dr.)

Wietske Prummel[1], Lisette de Vries[2], Frits Laarman[3] & Youri van den Hurk[4]

Begin januari 2018 stuitte Ernst Taayke in het Noordelijk Archeologisch Depot in Nuis op een doos met botmateriaal van de opgraving Wijster, Looveen (Dr.). Voordat hij de doos bij de andere dozen van deze opgraving plaatste, opende hij hem om te zien of de inhoud inderdaad botmateriaal van deze opgraving betrof. Zijn oog viel op een hard, wit object met vondstnummer 1266 dat hij niet direct als bot herkende. Hij liet twee foto's maken door Jelle Schokker, ook werkzaam bij het depot, die hij naar de eerste auteur van deze bijdrage zond, met de vraag of zij dit object als bot herkende (fig. 1A en 1D). Desgevraagd herkenden Lisette de Vries en Frits Laarman het object onmiddellijk als een deel van een gehoorkapsel (*bulla tympanica*) van een walvis: een opmerkelijke vondst in een diergraf midden in Drenthe.

Gehoorkapsels van walvissen

De gehoorkapsels maken deel uit van het gehoor- en evenwichtsapparaat van de walvis. Ze vangen binnenkomende geluidsgolven op en versterken die. De gehoorkapsels vormen samen met respectievelijk het linker- en het rechterrotsbeen (*os petrosum*) het petrotympanisch complex, dat het midden- en binnenoor omgeeft. Bij landzoogdieren maken gehoorkapsel en rotsbeen deel uit van de schedelbasis. Bij walvissen hangen deze botten geheel (tandwalvissen) of tamelijk (baleinwalvissen) los in de schedel. Bij gestrande walvissen raken ze snel los van de schedel.

Gehoorkapsels van walvissen hebben een laag collageengehalte (14%) en een hoog gehalte aan anorganische stoffen (86%). In gewoon bot, waaronder de andere delen van het walvisskelet, zijn deze percentages 34% en 66% (Reitz & Wing 2008: 41). Gehoorkapsels zijn dus veel harder dan gewoon bot. Wel breken de dunne delen van de gehoorkapsels snel af.

Soortbepaling

Met Klaas Post, onderzoeker bij het Natuurhistorisch Museum te Rotterdam, dat een grote walviscollectie heeft, werd het gehoorkapselfragment uit Wijster vergeleken met de daar aanwezige gehoorkapsels. Het bleek al snel dat het een deel is van het linkergehoorkapsel van een baleinwalvis. De gehoorkapsels van baleinwalvissen zijn vrijwel gesloten, als een tasje of blaas, met een dik gedeelte en daaromheen een dunnere botschelp. Gehoorkapsels van tandwalvissen zijn open en schelpvormig. De vondst uit Wijster betreft alleen het dikste gedeelte van het gehoorkapsel, namelijk de mediale helft van de dorsale wand. De dunnere botdelen van het gehoorkapsel zijn afgebroken. Fossiel bewaarde gehoorkapsels van al dan niet uitgestorven baleinwalvissen betreffen ook altijd dit onderdeel.[5]

De afbeeldingen van de gehoorkapsels van dwergvinvis (*Balaenoptera acutorostrata*), Noordse vinvis (*Balaenoptera borealis*) en grijze walvis (*Eschrichtius robustus*) in Ekdale *et al.* (2011) gaven de meeste overeenstemming met het gehoorkapselfragment uit Wijster. Het Natuurhistorisch Museum Rotterdam bezit gehoorkapsels van de beide vinvissen, maar niet van de grijze walvis. De lengte van het gehoorkapsel uit Wijster (fig. 1, gemeten van boven naar beneden) bedraagt nu nog 105 mm, maar zal ca. 110 mm zijn geweest. Bij de dwergvinvis varieert deze maat tussen 79 en 94 mm, bij de Noordse vinvis tussen 121 en 138 mm en bij de grijze walvis

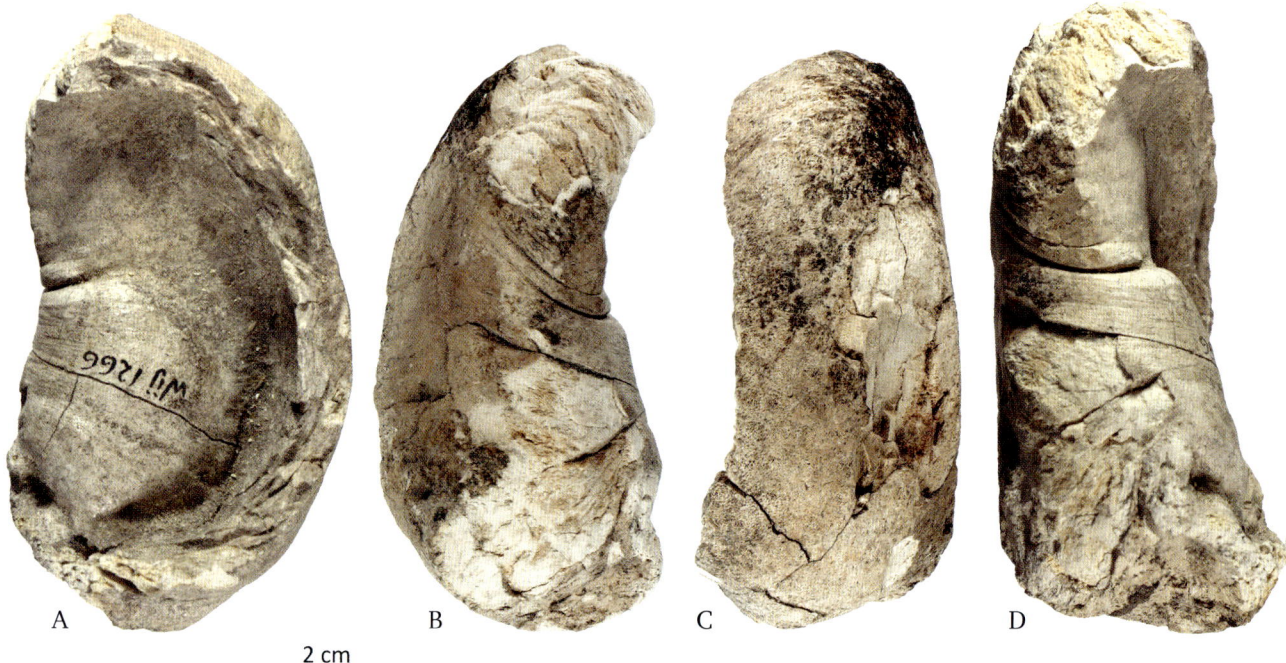

Fig. 1. Vier aanzichten van het fragment van het linkergehoorkapsel van een grijze walvis, *Eschrichtius robustus*, uit diergraf 12, vondstnummer 1266, uit de nederzetting Wijster (Dr.), 3de/4de eeuw n.Chr. Het bewaard gebleven fragment is de mediale helft van de dorsale wand van het gehoorkapsel. A: de dorsale wand van het gehoorkapsel vanaf de buikzijde gezien. B: dorsale aanblik op het fragment. C: mediale aanblik. D: laterale aanblik (foto's A en D: Jelle Schokker, Noordelijk Archeologisch Depot, Nuis; foto's B en C: Wietske Prummel, RUG/GIA).

tussen 82 en 115 mm (Ekdale *et al.* 2011: table S3). De lengte van het gehoorkapsel uit Wijster valt dus binnen de variatiebreedte van de grijze walvis. Het fragment uit Wijster vertoont ook de grootste overeenkomst met de afbeeldingen van het gehoorkapsel van de grijze walvis in Ekdale *et al.* (2011: 35-36). De voorlopige conclusie was dat het fragment afkomstig is van een grijze walvis.

Vervolgens toog de eerste auteur met het bot naar de walvisbotcollectie van Adrie en Ineke Vonk in De Koog-Texel. Zij bezitten een rechtergehoorkapsel van een grijze walvis afkomstig uit het voortplantingsgebied van de grijze walvissen in de Stille Oceaan, Baja California, Mexico. Arthur Oosterbaan van Ecomare (De Koog-Texel) bemiddelde bij dit bezoek en hielp mee bij de determinatie. De overeenstemming van het fragment uit Wijster met het gehoorkapsel in de collectie Vonk bleek zeer overtuigend (fig. 2 en 3): het gehoorkapselfragment uit Wijster is afkomstig van een grijze walvis.

Behalve de morfologische en metrische vergelijking werd geprobeerd de walvissoort te determineren met de methode ZooMS: ZooArchaeology by Mass Spectrometry. Deze methode maakt gebruik van de trage evolutie van collageen.[6] Youri van den Hurk kon het gehoorkapsel uit Wijster inpassen in zijn onderzoek naar het gebruik van walvissen in de vroege middeleeuwen in Europa, dat gesponsord wordt door de AEA (Association for Environmental Archaeology). Voor dit onderzoek maakt hij gebruik van ZooMS. Een monster van het gehoorkapsel uit Wijster werd ingeleverd bij het ZooMS-laboratorium in York. Dr Camilla Speller en Luke Spindler pasten ZooMS toe op dit monster. Helaas leverde ZooMS geen soortbepaling op: de uitkomst was 'walvis'.

Grijze walvis

De grijze walvis komt momenteel alleen voor in de noordelijke helft van de Stille Oceaan. Hij trekt jaarlijks langs de kust tussen de voedselgronden

Een gehoorkapsel van een grijze walvis uit Wijster (Dr.)

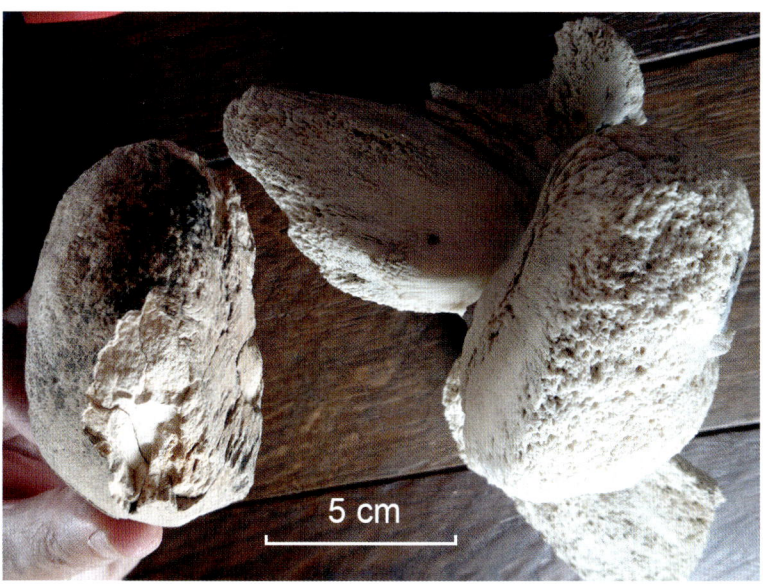

Fig. 2. Het linkergehoorkapselfragment van een grijze walvis uit Wijster (links) vergeleken met het rechtergehoorkapsel van een grijze walvis uit de Baja California, Mexico, in de collectie Vonk (rechts), beide gezien van mediodorsaal. Kenmerkend voor het gehoorkapsel van de grijze walvis is de vlakke mediale zijde (de naar elkaar gerichte zijden) (het puntige been dat vastzit aan het gehoorkapsel uit de Baja California is het rotsbeen) (foto: Wietske Prummel, RUG/GIA).

Fig. 3. De dorsale zijde van het rechtergehoorkapsel van een grijze walvis uit de Baja California, Mexico, collectie Vonk (met zeepok). De plooien komen overeen met die in fig. 1B (foto: Wietske Prummel, RUG/GIA).

in het Noordpoolgebied en de zuidelijk gelegen voorplantingsgebieden en legt daarbij geweldig grote afstanden af. Tot ten minste de 17e eeuw kwam de soort ook voor in de noordelijke helft van de Atlantische Oceaan. Aan de westkust van deze oceaan stierf hij toen uit. Aan de oostkust van de Atlantische Oceaan zou hij al eerder, waarschijnlijk in de vroege middeleeuwen, zijn uitgestorven. De reden waarom deze diersoort uit deze contreien verdween is onzeker. DNA- en ^{14}C-onderzoek toonden aan dat de Stille Oceaan altijd het belangrijkste leefgebied van de grijze walvis is geweest en dat op verschillende tijdstippen grijze walvissen via het Noordpoolgebied de kusten van de Atlantische Oceaan bereikten (Alter *et al.* 2015). Zo'n proces is mogelijk ook momenteel aan de gang: in 2010 werd een grijze walvis gezien in de Middellandse Zee en in 2013 een andere voor de kust van Namibië, op het zuidelijk halfrond (Alter *et al.* 2015). De grijze walvis waarvan het gehoorkapsel in Wijster is aangetroffen was een afstammeling van grijze walvissen die op zeker moment vanuit de Stille Oceaan naar de Atlantische Oceaan gingen.

Gehoorkapsels van walvissen uit opgravingen

Walvisbotfragmenten worden regelmatig in nederzettingen gevonden, waaronder in Friese en Groninger terpen ten noorden van Wijster. Prummel *et al.* (2012) ontdekten onder walvisbotfragmenten uit deze terpen twee baleinwalvissoorten: noordkaper (*Eubalaena glacialis*) en gewone vinvis (*Balaenoptera physalus*) en vijf tandwalvissoorten: griend (*Globicephala melas*), orka (*Orcinus orca*), bruinvis (*Phocoena phocoena*), potvis (*Physeter macrocephalus*) en butskop (*Hyperoodon ampullatus*).[7] De halve walviswervel uit de Kooiterp bij Hallum, die was bijgesneden in de vorm van een kat, bleek dankzij ZooMS-analyse eveneens afkomstig te zijn van een grijze walvis (IJssennagger-van der Pluijm 2018).

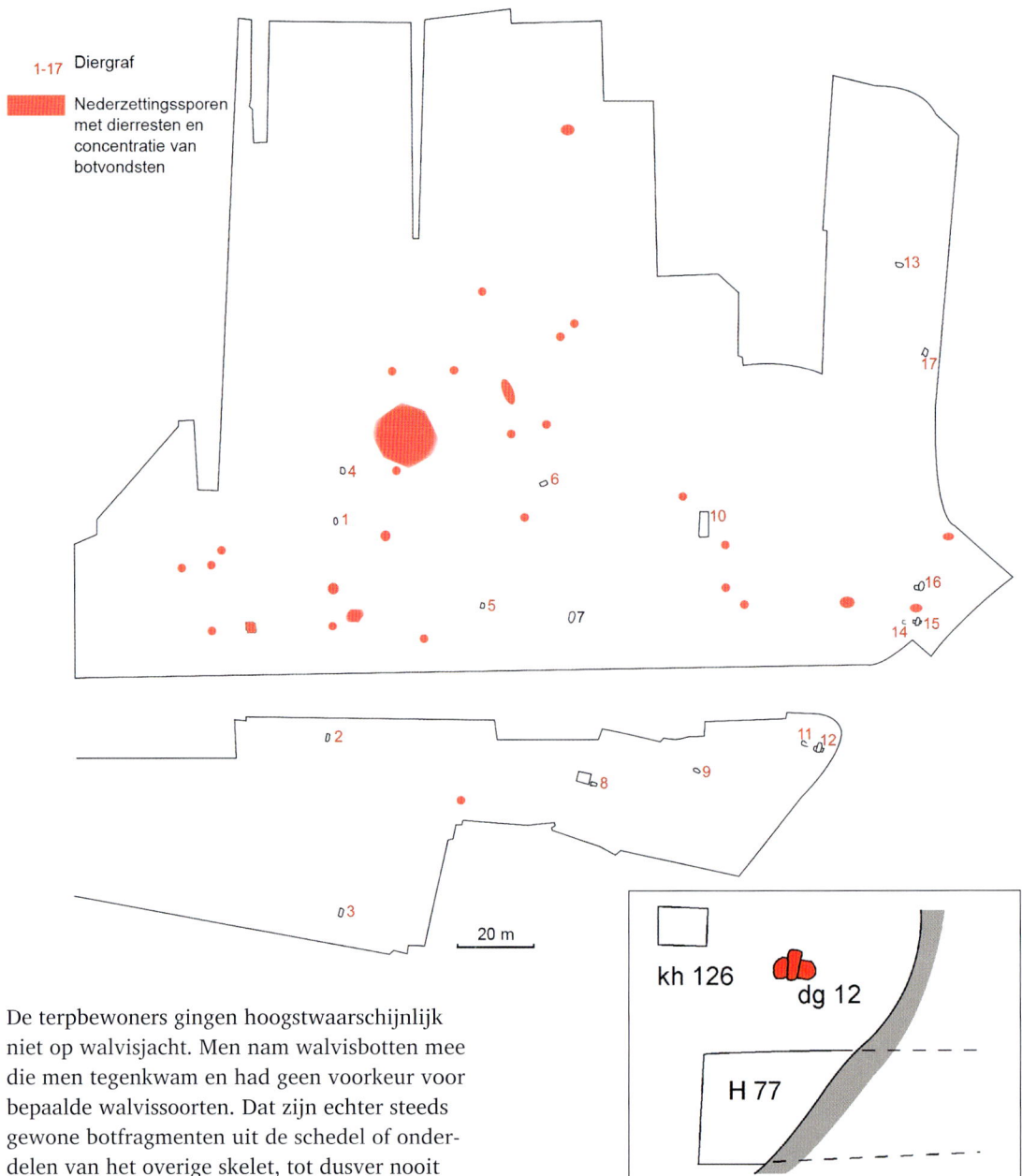

Fig. 4. Het opgravingsterrein van de nederzetting Wijster (Dr.) met in rood nederzettingssporen met dierlijke resten; de grote rode vlek is een concentratie van botvondsten. De nummers 1 tot en met 17 verwijzen naar (mogelijke) diergraven. Het gehoorkapsel van een grijze walvis komt uit diergraf 12, 3de/4de eeuw n.Chr. In de inzet de context van diergraf 12: op het erf van huis 77 (H77), waarop zich ook hutkom 126 (hk 126) bevond (bron: Van Es 2018: fig. 1 en fig. 2, nummer 8).

De terpbewoners gingen hoogstwaarschijnlijk niet op walvisjacht. Men nam walvisbotten mee die men tegenkwam en had geen voorkeur voor bepaalde walvissoorten. Dat zijn echter steeds gewone botfragmenten uit de schedel of onderdelen van het overige skelet, tot dusver nooit gehoorkapsels. De gevonden walvisbotfragmenten zijn waarschijnlijk afkomstig van walvissen die in het waddengebied of op de Noordzeekust strandden. Terpbewoners haalden rechtstreeks of via-via delen van deze walvissen naar hun nederzettingen om de olie uit de botten te benutten, en soms om walvisvlees te consumeren. Walvisbotten werden ook als werktuig of hakblok gebruikt (Prummel et al. 2012). Door het ontbreken van olie hadden gehoorkapsels van walvissen geen praktische betekenis voor de mens. Kennelijk heeft iemand iets bijzonders gezien in dit gehoorkapsel en het van de kust meegenomen, waarna het uiteindelijk in Wijster terechtkwam.

Het enige andere ons bekende gehoorkapsel van een walvis uit een archeologische opgraving in Europa is een gehoorkapselfragment van een baleinwalvis uit de opgraving Coppergate in York (VK), dat dateert uit de Vikingtijd (9de/10de eeuw n.Chr.).[8] Uit Noord-Amerikaanse vindplaatsen vanaf ca. 4500 v.Chr. zijn gehoorkapsels van dolfijnen (tandwalvissen) bekend (Glassow 2005). Dit betreft allemaal kleine walvisachtigen, die actief werden bejaagd en compleet naar de nederzettingen werden gebracht om het vlees te eten. Zo kwamen hun gehoorkapsels in het afval van deze nederzettingen terecht.

De nederzetting Wijster

Tussen 1958 en 1961 verrichtte het toenmalige BAI een opgraving op een nederzettingsterrein uit de inheems-romeinse tijd bij Wijster (Van Es 1967). Opvallend in deze nederzetting zijn de kuilen met resten van paarden en runderen op erven en langs wegen (Van Es 1967: 114-117) (fig. 4). In de zandbodem van Wijster zijn alleen harde delen van de skeletten van paarden en runderen bewaard gebleven, waaronder veel kiesfragmenten (Clason 1967).[9] Uit een van deze diergraven, met vondstnummer 1266, komt het walvisgehoorkapsel.

Diergraf 12, vondstnummer 1266

In 2018 ging Van Es dieper in op de diergraven uit de nederzetting Wijster. Het diergraf met vondstnummer 1266 kreeg nu grafnummer 12 (Van Es 2018: tabel 1). Het graf lag op het erf van huis 77 in het zuidoostelijke deel van het nederzettingsterrein en heeft als datering 3de/4de eeuw n.Chr. (Van Es 2018: tabel 1) (fig. 4). Diergraf 12 bestaat uit twee diergraven boven elkaar: een dieper oost-westgraf en daarboven een noord-zuidgraf.

A.T. Clason trof resten van een rund en een paard aan in diergraf 12 (vondstnummer 1266). Van het rund herkende zij de rechteronderkaak met de kiezen P_4, M_1 en M_2, de linkeronderkaak met de kiezen P_4, M_1 en M_2 en zes losse onderkaakkiezen of -tanden. De volgende paardenbotten waren herkenbaar: vier onderkaakkiezen, het boveneind van het linkerspaakbeen en de linkerellepijp, het ondereind van een spaakbeen, bekkenfragmenten, het ondereind van het rechterscheenbeen, een sprongbeen en twee fragmenten van het ondereind van een middenhands- of middenvoetsbeen. Een scheenbeenfragment en een bekkenfragment determineerde zij als paard of rund. Eén bot liet zij ongedetermineerd: het hier besproken gehoorkapsel van een walvis.

Aan deze diergraven werd in de publicaties van Van Es en Clason uit 1967 (Van Es 1967; Clason 1967) geen bijzondere betekenis gegeven. Ze werden vermeld, maar meer ook niet. In de laatste decennia is er meer belangstelling voor bijzondere kuilen en hun inhoud (Thilderkvist 2013; Nieuwhof 2015). De paarden- en rundergraven van Wijster worden nu als bijzondere kuilen, offerkuilen gezien, die voor bijzondere gelegenheden werden gegraven en met opzettelijk gedode dieren werden gevuld (Van Es 2018). In diergraf 12 werd een fragment van een gehoorkapsel van een baleinwalvis mee begraven. Dit gaf ongetwijfeld een extra betekenis aan dit diergraf.[10] Wellicht had het gehoorkapsel een symbolische betekenis voor de bewoners van huis 77. De dunnere, ventrale delen van het gehoorkapsel waren waarschijnlijk al eerder afgebroken.

Conclusie

Het fragment van het linkergehoorkapsel van een baleinwalvis uit diergraf 12 uit de 3de/4de eeuw n.Chr. behorend bij huis 77 van de nederzetting Wijster is afkomstig van een grijze walvis, een inmiddels in de Atlantische Oceaan uitgestorven walvissoort. Het dier zal in het waddengebied of op de Noordzeekust zijn gestrand. Vandaar kwam het gehoorkapsel via het terpengebied in Wijster terecht. Daar werd het mee begraven met een paard en een rund, wellicht als voorwerp met een symbolische betekenis. Het graf van een paard en een rund had een speciale, rituele betekenis. Het gehoorkapselfragment zal dit diergraf een extra betekenis hebben gegeven.

Dankwoord

Klaas Post en Bram Langeveld van Natuurmuseum Rotterdam, Arthur Oosterbaan van Ecomare, De Koog-Texel, Adrie en Ineke Vonk uit De Koog-Texel, Sonia O'Connor van Bradford University, en Ernst Taayke en Jelle Schokker van het Noordelijk Archeologisch Depot in Nuis worden hartelijk bedankt voor hun medewerking. Dr Camilla Speller en Luke Spindler worden bedankt voor hun hulp bij het ZooMS-onderzoek aan de University of York en de Association of Environmental Archaeology (AEA) wordt bedankt voor het financieren hiervan.

A *bulla tympanica* of a grey whale (*Eschrichtius robustus*) from Wijster (Dr.)

The animal remains from the native Roman-period village at Wijster (province of Drenthe) were published by Dr Anneke T. Clason in 1967. Most of the remains are poorly preserved cattle and horse bone fragments. About half of them come from animal graves in farmyards or along village roads, which most probably are ritual deposits. At the beginning of 2018, Ernst Taayke found among the material from a grave of a horse and a cow, animal grave 12, an unidentified bone, find number 1266, that he did not recognize. The bone was found to be a bulla tympanica *of a grey whale (*Eschrichtius robustus*), a very rare find. Animal grave 12 was a ritual deposit in the yard of farmhouse 77, dated 3rd/4th century AD. In this paper we discuss how we established the whale species, the possible origin of the whale bone and the meaning of the whale bone in this ritual deposit of a horse and a cow.*

Noten

1. Rijksuniversiteit Groningen, Groninger Instituut voor Archeologie, Poststraat 6, 9712 ER Groningen, w.prummel@rug.nl.
2. De Bongerd 69, 9801 AR Zuidhorn, lisettedevries@gmail.com.
3. Rijksdienst Cultureel Erfgoed, Smallepad 5, 3811 MG Amersfoort, f.laarman@cultureelerfgoed.nl.
4. University College London, 31-34 Gordon Square, Kings Cross, London WC1H 0PY, United Kingdom; yourivandenhurk@gmail.com.
5. De archeozoölogische vergelijkingscollectie van de Rijksdienst voor het Cultureel Erfgoed in Amersfoort bevat drie van deze fossiele gehoorkapselfragmenten.
6. Voor informatie over deze methode: https://www.york.ac.uk/archaeology/centres-facilities/bioarch/facilities/zooms/.
7. Het bot van een jonge walvis uit Firdgum (opgraving GIA, vondstnummer 381) werd door Prummel *et al.* (2012: tabel 1) gedetermineerd als een eerste teenkoot van een bultrug (*Megaptera novaeangliae*). Een monster van dit bot werd met ZooMS opnieuw gedetermineerd. Het bleek afkomstig te zijn van een jonge gewone vinvis (*Balaenoptera physalus*). Het is een opperarmbeen en geen teenkoot (informatie: Youri van den Hurk).
8. Sonia O'Connor van Bradford University berichtte over deze vondst uit York.
9. Behalve paarden- en koeienbotten werden in Wijster twee varkensbotten en een beverbot aangetroffen; de laatste drie komen uit gewone sporen, niet uit diergraven (Clason 1967).
10. De eerste auteur controleerde in het Noordelijk Archeologisch Depot in Nuis de andere vondstnummers met dierlijk bot uit Wijster op bijzondere vondsten; die bleken er niet te zijn; overigens waren niet alle vondstnummers met dierlijk bot in het depot in Nuis aanwezig.

Literatuur

Alter, S.E., M. Meyer, K. Post, P. Czechowski, P. Gravlund, C. Gaines, H.C. Rosenbaum, K. Kaschner, S.T. Turvey, J. van der Plicht, B. Shapiro & M. Hofreiter, 2015. Climate impacts on the transocean dispersal and habitat in gray whales from the Pleistocene to 2100. *Molecular Ecology* 24, 1510-1522.

Clason, A.T., 1967. The animal bones. In: W.A. van Es (ed.), *Wijster. A native village beyond the imperial frontier 150-425 A.D.* (= Palaeohistoria 11). Groningen, J.B. Wolters, 574-579.

Ekdale, E.G., A. Berta & T.A. Deméré, 2011. The comparative osteology of the petrotympanic complex (ear region) of extant baleen whales (Cetacea: Mysticeti). *Plos ONE* 6(6); e21311, doi: 10.1371/journal.pone.0021311.

Es, W.A. van, 1967. *Wijster. A native village beyond the imperial frontier 150-425 A.D.* (= Palaeohistoria 11). Groningen, J.B. Wolters.

Es, W.A. van, 2018. Dierritueel in de Frankische Nederzetting bij Wijster (Dr.). In: A. Nieuwhof, E. Knol & J. Schokker (red.), *Fragmenten uit de rijke wereld van de archeologie* (= Jaarverslagen van de Vereniging voor Terpenonderzoek 99). Groningen, Vereniging voor Terpenonderzoek, 95-106.

Glassow, M.A., 2005. Prehistoric dolphin hunting on Santa Cruz Island, California. In: G.C. Monks (ed.), *The exploitation and cultural importance of sea mammals* (= Proceedings of the 9th ICAZ Conference Durham 2002). Oxford, Oxbow Books, 107-120.

IJssennagger-van der Pluijm, N.L., 2018. De kat in het bot vinden. In: A. Nieuwhof, E. Knol & J. Schokker (red.), *Fragmenten uit de rijke wereld van de archeologie* (= Jaarverslagen van de Vereniging voor Terpenonderzoek 99). Groningen, Vereniging voor Terpenonderzoek, 169-172.

Nieuwhof, A., 2015. *Eight human skulls in a dung heap and more. Ritual practice in the terp region of the northern Netherlands, 600 BC - AD 300* (= Groningen Archaeological Studies 29). Groningen, Barkhuis & Groningen University Library.

Prummel, W., J.T. van Gent & E.J.O. Kompanje, 2012. Walvisbotten uit Friese en Groninger terpen. *Paleo-aktueel* 23, 41-48.

Reitz, E.J. & E.S. Wing, 2008. *Zooarchaeology 2nd edition*. Cambridge Manuals in Archaeology. Cambridge, Cambridge University Press.

Thilderkvist, J. 2013. *Ritual bones or common waste. A study of early medieval bone deposits in Northern Europe* (= Groningen Archaeological Studies 24). Groningen, Barkhuis & Groningen University Library.

Een vondst van groot belang: de boot van Britsum (Fr.)

Annet Nieuwhof[1] & André van Holk[2]

Het terpengebied van Noord-Nederland was voor de bedijking een kweldergebied, dat doorsneden was door riviertjes, prielen en geulen. De kolonisten die dit maritieme landschap vanaf ongeveer 600 v.Chr. in gebruik namen, vestigden zich in de regel aan zo'n waterloop. Ook later waren de meeste terpen en wierden goed over water bereikbaar. Dat de vroege terpbewoners al contacten onderhielden met verre streken zoals West-Nederland en Noordwest-Duitsland, blijkt bijvoorbeeld uit het aardewerk. Elke terpopgraving levert, naast een grote hoeveelheid lokaal gemaakt aardewerk, wel wat aardewerk op dat duidelijk afkomstig is van elders.

Gezien de toegankelijkheid over water ligt het voor de hand dat de vroege terpbewoners veel gebruik maakten van dat vaarwater voor hun reizen. Het vervoer over water ging in die tijd ongetwijfeld veel sneller en efficiënter dan over de onverharde en modderige wegen en paden op het land. Toch zijn er maar heel weinig resten van schepen bekend uit het terpengebied. Misschien werd in dit houtarme gebied elk stukje afgedankt scheepshout hergebruikt. Of misschien werden afgedankte schepen afgezonken in geulen buiten de terpen, waar veel minder archeologisch onderzoek is uitgevoerd dan op de terpen.

Vondsten van scheepshout

Het geringe aantal vondsten betekent dat we weinig weten over de typen boten die werden gebruikt. We weten van vondsten elders dat boomstamkano's tot ver in de Middeleeuwen werden gebruikt (Lanting 1998; Van de Moortel 2011). Dat waren vaak verbrede en opgeboeide, dat wil zeggen met planken (boorden) verhoogde kano's, waarmee bij een kalme zee waarschijnlijk ook goed langs de kust gevaren kon worden. Zo'n boord, van een kano die vermoedelijk gebouwd werd in het tweede kwart van de 1ste eeuw n.Chr., was hergebruikt als ingangsvlonder van een boerderij uit de Romeinse Tijd in de terp Leeuwarden-Oldehoofdsterkerkhof (Vlierman 2008). Het is de enige concrete aanwijzing voor boomstamkano's in het Noord-Nederlandse terpengebied.

Van planken gemaakte roeiboten doen in Noord-Nederland waarschijnlijk pas halverwege de Romeinse Tijd hun intrede, al is daar nog lang niet alles over bekend. De 2^e of 3^e eeuw n.Chr. is in elk geval de vermoedelijke aanvangsdatering van de overnaadse, geklonken schepen, zoals het in een veen gevonden Nydamschip dat in *Schloss Gottorf* te Schleswig te bewonderen is (Rieck 2003).

Restanten van uit planken gemaakte schepen zijn in het Noorden iets minder schaars dan die van boomstamkano's, maar toch zeker niet algemeen. Twee vondsten van complete scheepswrakken zijn tot nu toe bekend uit Friesland. De eerste is een 12de-eeuwse punter bij Teerns (Van Holk 2010). De samenstelling van houtsoorten van deze punter onderstreept de houtschaarste in Friesland: de zijden zijn van eikenhout (*Quercus*), terwijl voor het vlak (de bodem van het schip) elzenhout (*Alnus*) is gebruikt (een weinig duurzame houtsoort, behalve onder water), de leggers zijn van essenhout (*Fraxinus*) en de knieën van wilg (*Salix*). Bovendien was een deel van een gang gemaakt van eikenhout afkomstig uit Denemarken. De tweede, nog jongere vondst is een wrak in de Workumer Nieuwlandpolder (1547-1553 n.Chr.) (Neyland & McLaughlin-Neyland 1996). Dit wrak vormde onderdeel van een dijklichaam en was dus in zijn geheel hergebruikt.

Dan zijn er nog wat fragmenten scheepshout gevonden, onder andere tijdens de opgraving te Leeuwarden-Oldehoofsterkerkhof in de bekisting van een aantal vroegmiddeleeuwse waterputten (Vlierman 2008). De vondsten van vroegmiddeleeuwse klinknagels in het terpengebied (Oosterbeintum, Beetgum-Besseburen en Wijnaldum) wijzen op het hergebruik van scheepshout als onderdeel van grafkisten, of – in het geval van crematieresten – op het gebruik van scheepshout als brandstof (Knol *et al.* 1993; Reinders & Aalders 2006). In Wijnaldum, waar grafcontexten ontbreken, kan het scheepshout ook heel goed als bouwhout zijn hergebruikt, met name in kromstijlgebinten (Postma 2015, 144).

De boot van Britsum

Het belang van schepen en scheepshout was een eeuw geleden ook al duidelijk, althans voor de toenmalige conservator van het Fries Museum, mr. P.C.J.A. Boeles. In 1906 beschrijft hij een bezoek dat hij bracht aan de afgravingen in de terp van Britsum. De directe aanleiding van zijn bezoek was de vondst van een houten voorwerp met een runeninscriptie. Voor ons is nu van belang dat het voorwerp gevonden was niet ver van de plaats waar in het jaar daarvoor, dus in 1905, een schip was aangesneden bij het graven van een vaart in een al eerder afgegraven deel van de terp. Het was een vondst "die wellicht van groot belang had kunnen zijn, indien de gravers er het Friesch Museum tijdig mede [van] in kennis gesteld hadden" schrijft Boeles. En even verder: "vooral nu wij in Nederland in geen enkel museum een groote boot uit den ouden Germaanschen tijd bezitten".

Toen Boeles van de vondst hoorde, was die al voor een groot deel verdwenen. De levendige beschrijving van de vondst doet vermoeden dat hij er zelf heen ging om de boot te bekijken, maar zeker is dat niet. Boeles schrijft dat de boot zo groot was als een flinke Friese praam, "min of meer verwant aan de wereldberoemde vondst uit het Nijdammerveen in Schleswig-Holstein", en dat het zeker geen boomstamkano was geweest. Maar ook: "het gedeelte van het vaartuig dat in de vaart zat (was) reeds vernield en de vaart vol water geloopen."

Zeker is wel dat hij een aantal stukken scheepshout veilig wist te stellen voor het Fries Museum, maar misschien pas bij zijn bezoek in 1906. In dat jaar werden de vondsten namelijk ingeschreven in de Terpenboeken, het register van het Fries Museum waarin alle vondsten uit afgravingen werden beschreven. Het scheepshout kreeg verschillende nummers onder het terpnummer van Britsum, 20B: 231, 232, 240 en 241. Die inschrijving roept vragen op. Bij nr. 231 staat: "Gebogen stuk hout, kromhout van een schip of boot, in het midden een gat voor een pen. Lang 54,5 c.m., dik 9 c.m. [in mogelijk een ander handschrift:] Gedeelte van ~~het schip~~ door Mr. Boeles beschreven in het Bulletin Mei 1906. Gekocht van den terpbaas."

Nr. 232 wordt beschreven als: "Houten voorwerp in den vorm van een hamer of stamper missch. ook bovenstuk (handvat met gedeelte van den steel) van een pagaai. Lang 25 c.m., gevonden in voornoemd schip, gekocht alsvoren. Zie no. 240."

Nr. 240: "Groot stuk hout, plank, ~~afkomstig van een schip~~ [met onleesbaar zinnetje boven de regel], gevonden bij het graven van de terpvaart. Lang … c.m.; Breed … c.m. Gevonden met de nos. 231 en 232." Hier zijn de afmetingen niet genoteerd, evenmin als bij de volgende, nr. 241.

Nr. 241: "Stuk hout, gevonden en afkomstig als voren. Lang … c.m."

In de kantlijn voor de nrs 231 en 232 staat een moeilijk leesbare aantekening in waarschijnlijk hetzelfde handschrift als de opmerkingen bij nrs. 231 en 240, die als volgt is te ontcijferen: "Later bleek bij ontgraving [ondergraving?] dat dit [?] houtwerk van een put en geen schip was. B" De B is vermoedelijk de initiaal van Boeles. Tegelijk zijn ook alle verwijzingen naar het schip doorgestreept. Op een latere inventariskaart van het

Een vondst van groot belang: de boot van Britsum (Fr.)

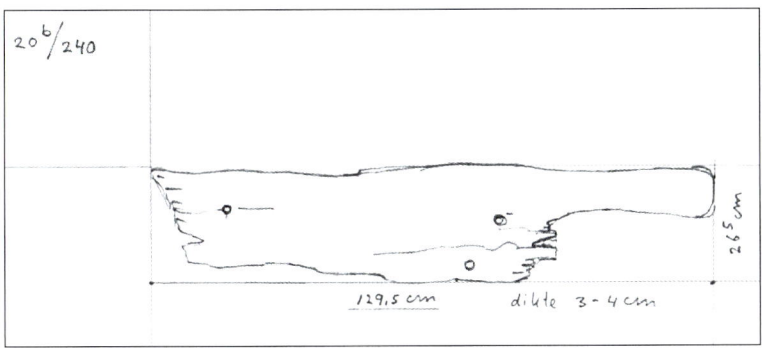

Fig. 1. Een plank die mogelijk bij de boot van Britsum hoort. Tekening op een inventariskaart van het Fries Museum, Archief Noordelijk Archeologisch Depot te Nuis.

Fries Museum wordt voorwerp 232 beschreven als een hamer, afkomstig uit een houten put.

De later vermoedelijk door Boeles toegevoegde correcties zetten zijn beschrijving van het schip in het artikel uit 1906 op losse schroeven. De correcties werden pas na het verschijnen van het artikel toegevoegd, en het is dus de vraag hoe de nieuwe informatie was verkregen. Het vermeende schip was immers allang vergraven en onzichtbaar. We blijven daarom toch rekening houden met de mogelijkheid dat het om een compleet schip gaat.

Bovendien: drie van de stukken hout blijken bewaard te zijn gebleven en bevinden zich tegenwoordig in de klimaatkamer van het Noordelijk Archeologisch Depot te Nuis. In elk geval twee daarvan, allebei met nr. 231, zijn wel degelijk stukken scheepshout. Ze vertonen geen sporen van hergebruik, zoals hieronder zal blijken. Het derde stuk, met nr. 240 (fig. 1), werd te laat door ons herontdekt om nog een rol te kunnen spelen in de onderstaande beschrijving, maar zou gezien de pengaten zeker van een vaartuig afkomstig kunnen zijn en als zodanig bij het schip van Britsum kunnen horen. Merkwaardig is wel dat er twee stukken hout zijn met nr. 231, die allebei min of meer voldoen aan de beschrijving van nr. 231, maar we hebben hierboven al gezien dat de overige beschrijvingen ook niet volledig zijn. Op de eerste (Spant 2 in de beschrijving hieronder) is in grote witte letters het nummer 20b-N231 geschreven, op de tweede (Spant 1) in veel kleinere letters XXb 231; dit stuk heeft bovendien een gescheurd label waarop nog net -tsum te lezen is en het nummer 231 aan de ene kant, en Britsum XXb no 213 aan de andere kant (fig. 2). Afgezien van de tekortschietende beschrijving in het Terpenboek is er dus geen aanleiding om te denken dat een van de stukken niet bij deze vondst hoort. We gaan er daarom vanuit dat beide stukken hout bij elkaar horen. Ook als ze deel uitmaakten van de constructie van een waterput en niet van een schip in situ, is het niet onwaarschijnlijk dat ze oorspronkelijk uit hetzelfde schip afkomstig zijn.

Datering

Het scheepshout is gevonden tijdens het graven van een vaart ten behoeve van de afvoer van afgegraven terpaarde, in een deel van de terp dat al eerder was afgegraven. De terp was daar volgens Boeles' beschrijving nog 3 m hoog, terwijl het schip of scheepshout op een diepte van 2 m onder het maaiveld werd aangetroffen. Als het inderdaad om een schip in situ gaat, moeten de resten zich hebben bevonden in een geul die is bedekt door terplagen. Dan zou het dus weleens een oud schip kunnen zijn, misschien zelfs uit de Romeinse tijd. Als het scheepshout deel uitmaakte van de constructie van een vanuit hogere lagen gegraven waterput, is een latere datering waarschijnlijker.

Een stukje van het met een label genummerde stuk hout werd daarom gedateerd bij het Centrum voor Isotopenonderzoek van de RUG. De ^{14}C-datering gaf als uitkomst: 1246 ± 15BP, gekalibreerd in kalenderjaren 685-778 n.Chr.[3] Niet de Romeinse tijd dus, maar toch een periode waaruit heel weinig scheepsvondsten bekend zijn in Nederland.

Beschrijving scheepshout

De onderzochte stukken (fig. 2 en 3) zijn delen van twee zogenaamde inhouten (spanten), dat wil zeggen onderdelen van de scheepsconstructie die zorgen voor het dwarsscheepse verband van een vaartuig. Het hout is gedetermineerd door Nicolien Bottema-Mac Gillavry: beide inhouten zijn vervaardigd van eikenhout (*Quercus*) en lijken

Fig. 2. Boven: twee zijden van Spant 1; Onder: twee zijden van Spant 2. Foto's G. van Oortmerssen, RUG/GIA.

onbehandeld te zijn, dat wil zeggen dat ze 'ongecontroleerd' zijn gedroogd. Beide scheepsdelen zijn dan ook sterk ingescheurd als gevolg van het droogproces. Dat laat onverlet dat de oorspronkelijke vorm nog grotendeels intact is.

Spant 1 is waarschijnlijk het stuk dat door Boeles is beschreven onder nr. 231. Het is knievormig, heeft een breedte van 10 cm en een dikte van 7 cm, en is aan beide uiteinden afgebroken. De lengte van het liggende deel bedraagt 36 cm en van het staande deel 26 cm. De knie is gemaakt uit de natuurlijke kromming van een boom (deel van de stam en een zijtak). In de knie is één rond pengat aanwezig. In degelijke pengaten hebben houten pennen gezeten waarmee de inhouten aan de huid van het schip waren bevestigd. Het pengat heeft een diameter van 2-2,5 cm. Als gevolg van het uitdrogen van het stuk hout en scheurvorming is deze maat niet erg betrouwbaar. Het staande deel zal zeker ook met houten pennen aan de zijde van het vaartuig bevestigd zijn geweest. Aan de bovenkant is de knie afgebroken en lijkt nog het restant van een pengat aanwezig.

Uit de vorm van het inhout kan de positie in het vaartuig worden afgeleid, namelijk in de kim, dat wil zeggen de overgang van de bodem naar de zijde van het vaartuig. De overgang van het liggende naar het staande deel van de knie verloopt in een vloeiende ronding, zodat tussen de knie en de scheepshuid in de kim een opening aanwezig was. Die opening fungeerde als loggat, waardoor buis- of lekwater op het vlak naar het laagste deel van het schip kon stromen om daar met een hoosschop uit het schip te worden verwijderd.

Spant 2 is een legger/wrang die op het vlak heeft gestaan, maar tevens met twee opstaande delen tegen de zijden was bevestigd. De wrang is deels kromgegroeid en deels door de draad gezaagd, wat wil zeggen dat bij het in de gewenste vorm brengen van het inhout geen rekening is gehouden met de draad van het hout. Over het algemeen probeerden scheepsbouwers dit te voorkomen, omdat het de sterkte van het inhout aantast. Het deel dat op het vlak heeft gestaan, bevindt zich in het midden van de wrang. Het inhout heeft een breedte van 7,5 cm en een dikte

Een vondst van groot belang: de boot van Britsum (Fr.)

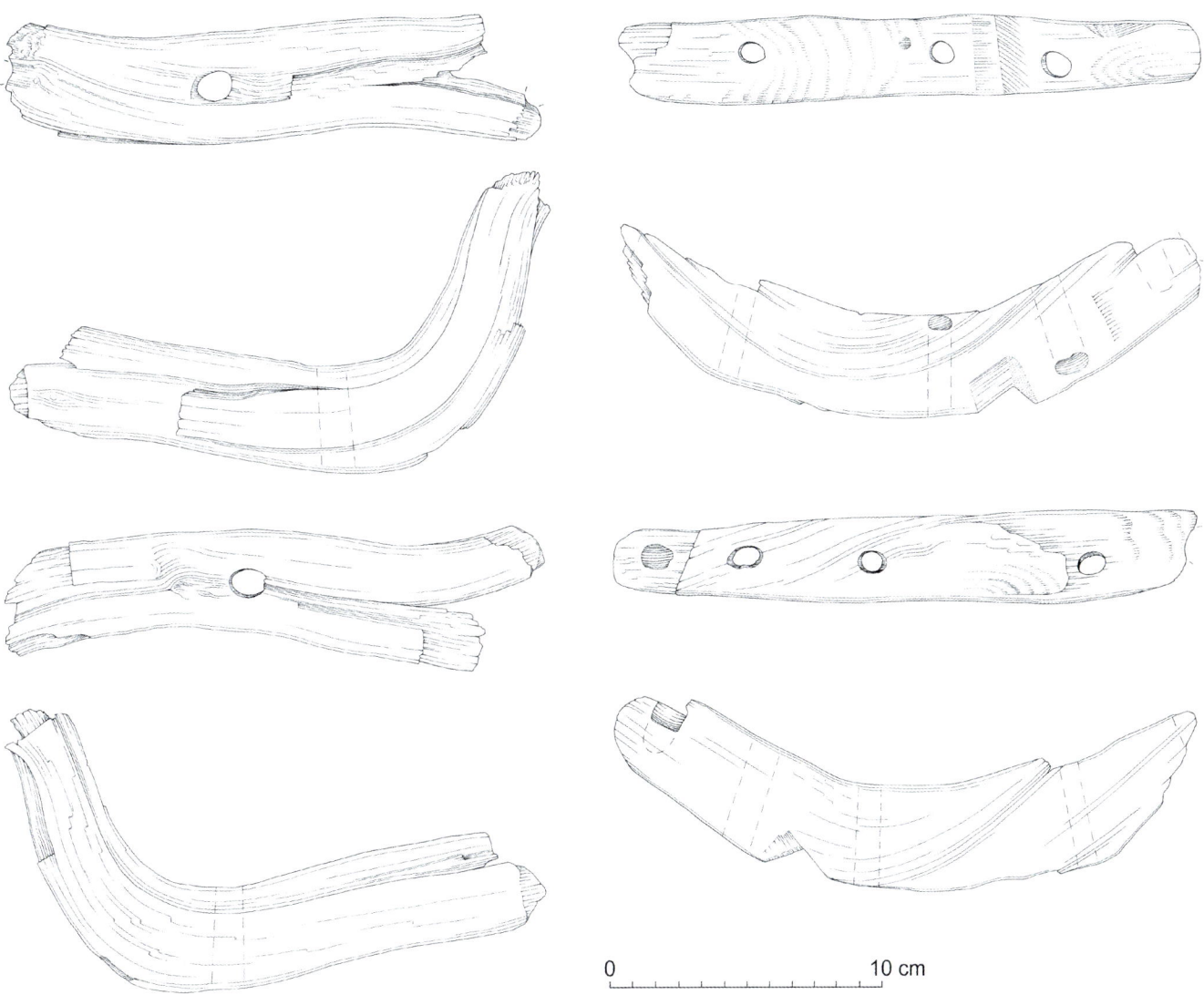

Fig. 3. Links, van boven naar beneden: vier aanzichten van Spant 1, rechts van Spant 2. Tekeningen M.A Los-Weijns, RUG/GIA.

van 9,5 cm. Het was gepositioneerd in het voor- of achterschip, in ieder geval op een positie waar het vlak (nog) niet erg breed was. De exacte lengte van het liggende deel (op het vlak) is moeilijk vast te stellen en bedraagt minimaal ongeveer 13 cm. De exacte maat is lastig vast te stellen omdat het inhout aan één kant is afgebroken.

In de legger zijn ronde pengaten aanwezig. In deze gaten hebben houten pennen gezeten waarmee de legger aan de huid van het vaartuig was bevestigd. De pengaten hebben een diameter van 1,5-2,5 cm. Deze variatie in diameter is opmerkelijk, omdat de houten pennen die de inhouten met de huid verbinden over het algemeen dezelfde diameter hebben. De houten pennetjes waarmee (overnaadse) huidplanken aan elkaar zijn bevestigd hebben daarentegen wel een geringere diameter, maar huidgangen zijn te Britsum niet aangetroffen.

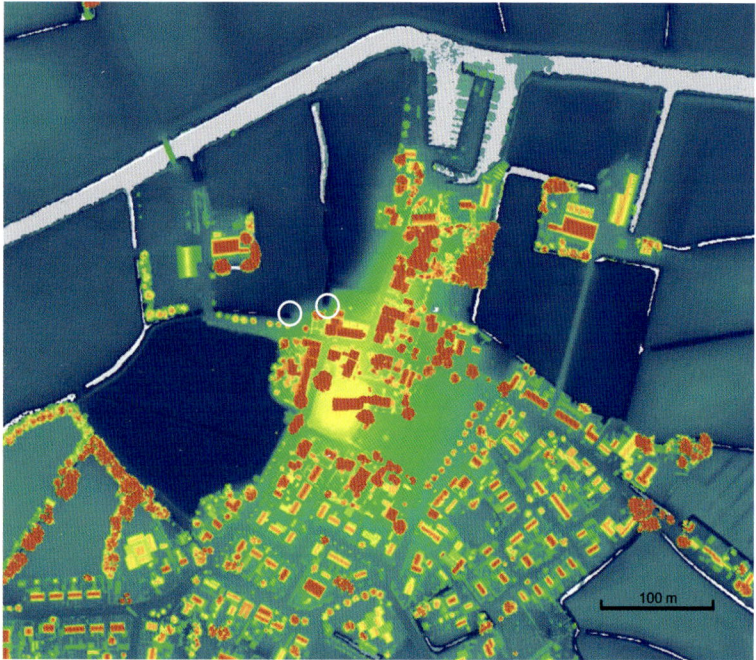

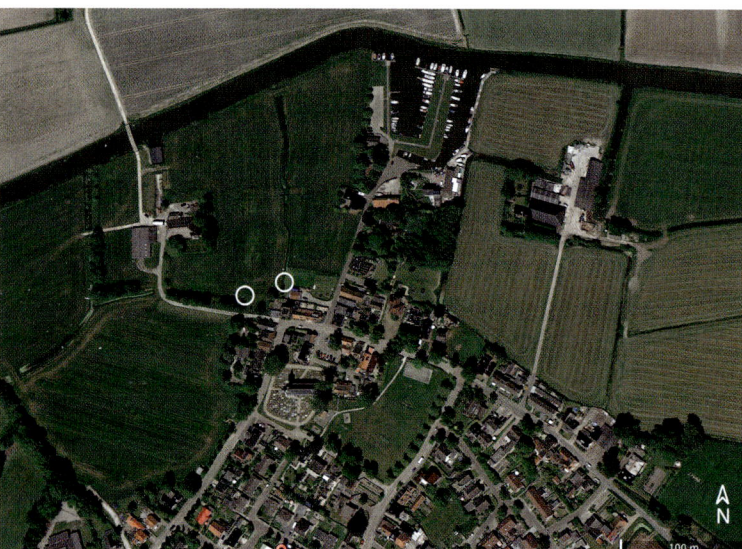

Fig. 4. Britsum op twee kaarten, boven uit het Actueel Hoogtebestand Nederland, onder uit Google Earth. Op de AHN-kaart geven de donkerblauwe terreinen afgegraven delen van de terp weer. De witte cirkels geven de vermoedelijk vondstlocatie van het schip of scheepshout aan, iets meer dan 60 meter ten noordwesten van de kerktoren. Figuren A. Nieuwhof.

Aan beide uiteinden van het inhout ontbreekt een gedeelte. Aan beide uiteinden zijn ook (halve) delen van pengaten aanwezig. Het pengat bij de sponning hoort duidelijk bij een pen met een geringe diameter (maximaal 1-1,5 cm). Het inhout eindigt aan één uiteinde in een rechthoekige sponning met een blind pengat. De functie van de sponning is niet duidelijk, mogelijk was de sponning bedoeld voor de bevestiging van een oplanger, een 'verlengstuk' van de wrang. Aan de onderkant van het inhout is een driehoekig loggat uitgehakt met zijden van respectievelijk 4 en 3 cm.

Scheepstype en afmetingen

De inhouten zijn afkomstig van een vaartuig met een vlakke bodem, zoals een punter of een aak. Het verschil tussen beide is dat de punter spits toeloopt aan beide uiteinden en voorzien is van staande stevens, terwijl de aak brede stevens heeft, voorzien van een liggende (horizontale) stevenbalk of stevenplaat. De aak is meestal iets groter dan de punter. Platboomde vaartuigen zijn geschikt voor ondiep binnenwater.

Het feit dat spant 2 met een vrij smal deel op het vlak heeft gelegen, zou kunnen betekenen dat het om een punter gaat. In tegenstelling tot een aak loopt het vlak van een punter, zoals de naam aangeeft, spits toe, dat wil zeggen dat het vlak smaller wordt richting de stevens. De vorm van de knie geeft aan dat het vaartuig een hoekige kim heeft gehad, met ter plaatse van de knie een hoek van 90°. Zeker in het middenschip van punters is de hoek tussen vlak en zijde groter (rond 110°). Het zou kunnen dat de knie door uitdroging sterk vervormd is, of dat het ontbrekende bovenste gedeelte verder naar buiten uitbuigt. Een hoekige kim betekent dat de overgang van het vlak naar de zijden niet vloeiend verloopt maar met een plotselinge knik. Dit is een algemeen voorkomende vorm van kleine houten vaartuigen die op binnenwateren, zoals meren, kanalen en rivieren, werden gebruikt.

Om een idee te krijgen van de afmetingen van de punter vergelijken we de afmetingen van

Een vondst van groot belang: de boot van Britsum (Fr.)

Fig. 5. Het afgegraven noordwestelijke deel van de terp van Britsum, gezien vanuit het noorden. De rode pijlen geven de twee mogelijke locaties van de het scheepshout aan. Foto A. Nieuwhof.

Tabel 1. Drie Nederlandse puntervondsten.

Vindplaats	Datering	Leggers		Knieën		Lengte (m)	Bron
		Breedte (cm)	Dikte (cm)	Breedte (cm)	Dikte (cm)		
Tirns	1180 - 1188	5-7,5	4	4-9	3-9	7	Van Holk, 2010
Rotterdam schip 2	1269 ± 8	6,5	2,3*	4,5	4,8	5,6	Van Holk, 2001
Hellendoorn	c. 1500	9	5	9	5	5,8	Vlierman, 1996

* Waarschijnlijk zijn de leggers door de enorme gronddruk sterk ingedrukt.

de inhouten van Britsum met die van (een niet uitputtende selectie van) andere punters (tabel 1). Als we ervan uitgaan dat de afmetingen van de inhouten in een bepaalde verhouding staan tot de afmetingen van een bootje, dan kan aan de hand van de afmetingen in tabel 1 de lengte van de punter van Britsum worden geschat op 6 tot 7 m. De wrang van Britsum is 7,5 cm breed en 10 cm dik, de legger is 7,5 cm breed en 9,5 cm dik. Deze afmetingen liggen in de buurt van de drie puntervondsten in tabel 1.

Conclusie en vervolg

De vondst van een schip dan wel scheepshout uit de Vroege Middeleeuwen in Britsum is belangrijk voor de scheepsarcheologie én de terparcheologie. Het is een van de zeer weinige vondsten van scheepshout in het maritieme terpenlandschap van Noord-Nederland. Boeles ging ervan uit dat het om een compleet schip ging, waarvan een deel intact in de grond was achtergebleven. "Misschien blijkt het nog de moeite waard te zijn een onderzoek in te stellen naar het nog voorhanden gedeelte van het Britsumer schip" schreef hij. Gezien het belang van deze vondst nemen wij deze aanbeveling over. Er zou dan eerst vooronderzoek moeten plaatsvinden, bijvoorbeeld booronderzoek, om vast te stellen of er zich inderdaad hout c.q. een schip in de ondergrond bevindt. De locatie kunnen we min of meer afleiden uit de beschrijving van Boeles: "ter plaatse waar de vaart dood loopt, ongeveer 60 pas ten noordwesten van den kerktoren." Waar dat zou kunnen zijn, is aangegeven in de figuren 4 en 5. Op iets meer dan

60 m ten noordwesten van de kerktoren begint een afgegraven terrein, met twee doodlopende sloten. Het kunnen allebei van oorsprong vaarten zijn, gegraven en gebruikt voor de afvoer van terpaarde naar de ten noorden van Britsum lopende Stienservaart. Vervolgonderzoek zou zich op deze twee locaties moeten richten.

Dank
Wij danken Amy Kuiper en Jelle Schokker van het Noordelijk Archeologisch Depot te Nuis, voor het opzoeken en uitlenen van het scheepshout en het opzoeken van aanvullende informatie, Nicolien Bottema-Mac Gillavry voor de determinatie van het hout, Gert van Oortmerssen (RUG/GIA) voor het maken van de foto's, Mirjam Los-Weijns (RUG/GIA) voor het maken van de tekeningen, en het Terpencentrum van het GIA voor het financieren van een ^{14}C-datering,

Noten
1. RUG/GIA, Poststraat 6, Groningen; a.nieuwhof@rug.nl.
2. Batavialand, Oostvaardersdijk 01-13, Lelystad; andre.vanholk@batavialand.nl.
3. GrM-12877; 92.4% waarschijnlijkheid.

A find of great importance: the boat of Britsum

In 1906, a boat, or at least ship's timbers, were unearthed during commercial quarrying of the terp (dwelling mound) of Britsum (province of Fryslân/Friesland). It was recently found that a number of fragments have survived; they are stored in the Northern Archaeological Depot at Nuis. Since finds of vessels and ship's timbers in the formerly maritime landscape of the northern Netherlands are extremely rare, and knowledge about ships and seafaring in this area is limited, these fragments have been thoroughly examined. A sample was radiocarbon-dated, with an outcome of 1246 ± 15BP, 685-778 calAD, a period with hardly any finds of ship's timbers in the Netherlands. The two fragments that were examined were frames: a knee and a v-shaped floor timber of a flat-bottomed vessel. Their shape shows that this may have been a boat with two pointed ends, in Dutch a punter. Since part of this boat may still be hidden in the remainder of the terp of Britsum, further investigation of this site is recommended.

Literatuur
Boeles, P.C.J.A., 1906. De terp te Britsum en de runen-inscriptie. *Bulletin van den Nederlandschen Oudheidkundigen Bond* 7, 52-56.

Holk, A.F.L. van, 2002. Vier 13e-eeuwse schepen in de dam van Rotterdam. In: A. Carmiggelt, A.J. Guiran & M.C. van Trierum (red.), *Archeologisch onderzoek in het tracé van de Willemsspoortunnel te Rotterdam* (= BOORbalans 4). Rotterdam, 71-123.

Holk, A.F.L. van, 2010. Het houten bootje. In: G. Aalbersberg, J.B. Hielkema & A.F.L. van Holk, *Aardgastransportleidingtracé Grijpskerk – Wieringermeer, tracédeel Grijpskerk – Workum (A-652): catalogusnummer 52. Gemeente Sneek, Archeologisch onderzoek: een inventariserend veldonderzoek: proefsleuven* (= RAAP-Rapport 1853). Weesp, RAAP, 35-48.

Knol, E., W. Prummel, H.T. Uytterschaut, M.P.L. Hoogland, W.A. Casparie, G.J. de Langen, E. Kramer & J. Schelvis, 1996. The early medieval cemetery of Oosterbeintum (Friesland). *Palaeo-historia*, 37/38, 245-416.

Lanting, J.N., 1998. Dates for origin and diffusion of the European logboat. *Palaeohistoria* 39/40, 627-650.

Moortel, A. van de, 2011. Medieval boats and ships of Germany, the Low Countries, and northeast France - archaeological evidence for shipbuilding traditions, shipbuilding resources, trade, and communication. *Siedlungs- und Küstenforschung im südlichen Nordseegebiet* 34, 67-104.

Neyland, R.S. & K. McLaughlin-Neyland, 1996. *A late-sixteenth century freighter from the Workumer Nieuwland Polder in Workum, Friesland* (= Flevobericht 407). Lelystad, Nederlands Instituut voor Scheeps- en onderwaterArcheologie/ROB (NISA)/Ministerie van Verkeer en Waterstaat, Directoraat-Generaal Rijkswaterstaat, Directie IJsselmeergebied.

Postma, D., 2015. *Het zodenhuis van Firdgum. Middeleeuwse boerderijbouw in het Friese kustgebied tussen 400 en 1300.* Groningen, Terpencentrum Rijksuniversiteit Groningen.

Reinders, H.R. & Y. Aalders, 2006. Frisian traders and the Clinker technique. In: T. Arisholm, K. Paasche & T.L. Wahl (eds.), *Klink og seil – Festskrift til Arne Emil Christensen*. Oslo, Norsk Sjøfartsmuseum, 109-121.

Rieck, F., 2003. De scheepvaart in het Noordzeegebied, 250-850. In: E. Kramer, I. Stoumann & A. Greg (red.), *Koningen van de Noordzee, 250-850*. Leeuwarden, Fries Museum, 75-86.

Vlierman, K., 2008. Scheepsfragment uit de Romeinse tijd en Karolingische periode. In: J. Dijkstra & J.A.W. Nicolay (red.), *Een terp op de schop. Archeologisch onderzoek op het Oldehoofsterkerkhof te Leeuwarden* (= ADC Monografie 3/ADC Rapport 1227). Amersfoort, ADC-Archeoprojecten, 211-218.

Vlierman, K., 1996. *Kleine bootjes en middeleeuws scheepshout met constructiedetails. Scheepsarcheologie II* (= Flevobericht 404). Lelystad, Nederlands Instituut voor Scheeps- en onderwaterArcheologie/ROB (NISA)/Ministerie van Verkeer en Waterstaat, Directoraat-Generaal Rijkswaterstaat, Directie IJsselmeergebied.

De Vendelhelm uit Hallum: een experimentele reconstructie

Johan Nicolay[1] *& Sebastiaan Pelsmaeker*[2]

Het is 1913, als ene mevrouw Cannegieter uit Hallum tijdens de commerciële afgraving van een terp net buiten haar woonplaats enkele oudheden verzamelt. Hiertoe behoren twee bronzen dierkoppen met een langgerekte, snavelvormige snuit, die een sterke gelijkenis vertonen met dierkoppen op zogenaamde 'Vendelhelmen' uit Zweden. In de vorige *Paleo-aktueel* (28) zijn beide dierkoppen uitgebreid besproken. Door een kopie van de koppen, in de vorm van plastic 3D-prints, in Stockholm met de bronzen dierkoppen op Zweedse helmen te vergelijken, kon op basis van vorm, grootte en wijze van bevestiging worden vastgesteld dat ze vrijwel zeker aan een Vendelhelm hebben toebehoord. Tevens werd duidelijk dat de dierkoppen binnen Friesland wellicht op een nieuwe helm zijn bevestigd, wat de aanwezigheid van twee extra gaatjes voor bevestiging verklaart.

Omdat Hallum een van de zes dorpen is die centraal stonden binnen het project '*Terpen- en Wierdenland. Een verhaal in ontwikkeling*', was er de mogelijkheid een reconstructie van de oorspronkelijke helm te maken – resulterend in een prachtig exemplaar dat tot mei 2018 in Museum Wierdenland te zien was.[3] Deze reconstructie toont niet alleen hoe sterk vroegmiddeleeuws Friesland met de Scandinavische wereld verweven was, maar biedt ook de kans om inzicht te krijgen in het productieproces van vroegmiddeleeuwse helmen: hoeveel tijd kost het maken van een helm, welke materialen zijn daarvoor nodig en hoe werden sierelementen aan de helm bevestigd? In dit artikel wordt eerst een kort overzicht gegeven van enkele Vendelhelmen uit 6[de]- en 7[de]-eeuwse scheepsgraven in Zweden, waarna de reconstructie stapsgewijs wordt besproken en nieuw verkregen inzichten in het productieproces worden gepresenteerd.

Vendelhelmen uit Zweden

Een eerste overzicht van vroegmiddeleeuwse helmen uit Europa werd in 1987 gepubliceerd door Steuer. Kenmerkend voor Zuid-Scandinavië zijn de 'Noordse kamhelmen'. Deze hebben een ijzeren helmkap, een nekbeschermer (vaak een vlechtwerk van maliën dat rond de nek liep), bronzen wenkbrauwen en de karakteristieke bronzen kam met gestileerde dierkoppen aan de uiteinden. Alkemade (1988) maakt duidelijk dat Steuer de door hemzelf opgestelde criteria niet al te strikt toegepast: van de 37 kamhelmen die hij noemt, zijn er slechts 12 of 13 daadwerkelijk tot deze groep te rekenen. Het gaat om helmen uit de scheepsgraven van Vendel (graven I, XI-XII en vermoedelijk graf X), Valsgärde (graven 5-8) en Ulltuna, en om fragmenten uit enkele Zweedse crematiegraven. Sterk verwant aan deze helmen is een vijfde helm uit Vendel (graf XIV) en de beroemde helm uit het Engelse Sutton Hoo (grafheuvel 1).

Tijdens zijn bezoek aan Zweden kon de eerste auteur de helmen uit de scheepsgraven zelf bekijken. Twee helmen die in het *Historiska Museet* (Stockholm) tentoongesteld worden, zijn in detail bestudeerd (Vendel-graf XII en Ulltana, fig. 1). Beide helmen en één van de helmen uit Valsgärde (graf 8, fig. 1), zullen hier kort worden besproken, met specifieke aandacht voor de bronzen dierkoppen. Alle helmen uit de scheepsgraven waren na het inzakken van de grafkamer platgedrukt en zijn gerestaureerd.[4] De restauratie is helaas dusdanig grondig uitgevoerd, dat het onderscheid tussen originele en aangevulde delen niet of

Fig. 1. Drie Vendelhelmen uit Zweedse scheepsgraven die zijn opgegraven bij Vendel (graf XII, links), Valsgärde (graf 8, midden) en Ulltuna (rechts). Niet op schaal (Vendel & Ulltana: collectie Historiska Museet, foto's C. Åhlin and O. Myrin; Valsgärde: collectie en foto Museum Gustavianum; bewerkt door S.E. Boersma, RUG/GIA).

nauwelijks meer te zien is. De constructie van de helmkap is vaak onduidelijk en moet op grond van tekeningen in de publicaties worden vastgesteld (zie vooral Tweddle 1992, 1104-1122).

De helm uit Vendel (graf XII)

De helm is in 1893 gevonden in een grafveld onder de latere christelijke begraafplaats van Vendel, het dorp dat de 'Vendelcultuur' en de 'Vendelhelmen' hun naam heeft gegeven (Stolpe & Arne 1912, 45-51). De helmkap bestaat uit een frame van twee ijzeren banden (een rond het hoofd, en een van voor- naar achterhoofd), die met gebogen plaatwerk van ijzer zijn opgevuld. Aan de voorzijde is een markante, ijzeren neus- en jukbeenbescherming bevestigd. De helm is langs de onderrand en de centrale kam versierd met bronsblik, waarin afbeeldingen van dieren en strijdende krijgers zijn gestempeld. De individuele stukken bronsblik zijn vastgezet met smalle, geribde banden en nagels van brons.

De bronzen kam is opgebouwd uit vier delen: een breed, hol deel met een halfronde doorsnede en taps toelopende uiteinden, een massieve rib met een rechthoekige doorsnede, en de twee dierkoppen aan beide uiteinden. De centrale rib is over de volle lengte aan weerszijden versierd met series van steeds drie of vier ribben; vergelijkbare, hier schuine lopende ribben sieren de onderliggende kam.

De snuit van de dierkop aan de voorzijde zit ingeklemd tussen twee bronzen wenkbrauwen, die met schuine ribben zijn versierd en aan de uiteinden in een gestileerde dierkop uitlopen. De dierkoppen aan de uiteinden van de kam zijn verschillend van grootte, maar hebben dezelfde vorm als de vondsten uit Hallum: een bolle kop met twee ogen, uitlopend in een langgerekte, snavelvormige snuit. De dierkop aan de voorzijde heeft holle ogen, met een verdiepte pupil in het midden; bij de andere dierkop zijn de ogen juist bol, zonder pupillen. Een belangrijk verschil met de koppen uit Hallum vormt de bovenzijde van beide koppen: direct boven de bolle kop is geen sierrand met ribben aanwezig, maar een versmalling waar het uiteinde van de holle kam óverheen geschoven is. Het spitse uiteinde van de massieve rib loopt verder door, óver de dierkop, en eindigt tussen de ogen. Beide dierkoppen zijn aan de onderzijde met een bronzen nagel met bolle kop aan de helmkap bevestigd.

De helm uit Valsgärde (graf 8)

De helm is in 1932 aangetroffen in het grafveld op een markante heuvel bij het gehucht Valsgärde, enkele kilometers noordelijk van Gamla Uppsala (Arwidsson 1954). De buitenzijde van de helmkap, die uit een ijzeren frame en 12 gebogen stukken plaatwerk bestaat, is volledig bekleed met bronsblik, waarin dier- en krijgermotieven zijn gestempeld. Ook de ijzeren neus- en jukbeenbescherming is versierd met bronsblik, hier bestempeld met vlechtmotieven. De helm heeft een bronzen helmkam, met centrale rib. De kam eindigt in twee bronzen dierkoppen, waarvan het bovenste deel opnieuw ónder de uiteinden van de kam verdwijnt. Het andere uiteinde is met een bronzen nagel vastgezet. De holtes die beide ogen vormen, waren oorspronkelijk wellicht met granaatjes ingezet (Arwidsson 1954, 25). De dierkop aan de voorzijde wordt geflankeerd door bronzen wenkbrauwen, die in sierlijke, naar binnen draaiende dierkoppen eindigen. De helm uit graf 8 is vooral beroemd geworden door het imposante vlechtwerk van maliën dat de hals van de drager rondom beschermde.

Bijzonder aan de helmen uit Valsgärde is dat deze allemaal sporen van reparatie vertonen, aan de helmboog of wenkbrauw(en). Van de helm uit graf 8 is de rechterwenkbrauw op de overgang naar de dierkop gebroken, waarna de hals van het dier volledig is vervangen. Ook de andere wenkbrauw is gerepareerd: een klein, rechthoekig deel is uit de onderrand gezaagd en nauwelijks zichtbaar vervangen.

De helm uit Ulltuna

De derde helm is in 1855 ontdekt bij het gehucht Ulltuna, zuidelijk van Uppsala (Alkemade 1988, 131-134). Naast het frame van de helmkap, dat uit een raamwerk van elkaar kruisende ijzeren banden bestaat, resteren alleen de helmkam en enkele hangende ijzerstrips die als nekbescherming dienden. De kam heeft dezelfde vorm als die van de helmen uit Vendel en Valsgärde, behalve dat het holle deel en de centrale rib zijn versierd met meegegoten groeven in plaats van ribben. Bijzonder is ook dat het oppervlak van de kam is vertind; doordat de groeven dat niet zijn, lijkt de 'zilveren' kam met gouddraad te zijn ingelegd. De kam eindigt alleen aan de voorzijde in een bronzen dierkop; de achterzijde loopt uit in een punt.

De dierkop heeft dezelfde basisvorm als de koppen uit Hallum, maar is veel rijker versierd, met een fijn patroon van een gestempeld zigzagmotief. De bovenzijde is opvallend lang en bestaat uit 12 decoratieve ribben. Dit uiteinde sloot 'koud' aan op de kam, zoals ook voor de dierkoppen met sierribben uit Hallum is aan te nemen. Het andere uiteinde is, zoals gebruikelijk, met een bronzen nagel vastgezet.

Als de helmen van Vendel, Valsgärde en Ulltuna onderling vergeleken worden, zijn opvallende overeenkomsten én verschillen zichtbaar. Overeenkomsten zijn de basisvorm van de helmkap, de versiering van de kap met bestempeld bronsblik, de helmkam met centrale rib en dierkoppen aan de uiteinden, en de wenkbrauwen aan weerszijden van de voorste dierkop. Verschillen bestaan er vooral in de constructie van de helmkap, in de mate waarin deze met bronsblik is bekleed, en in de vorm van de wenkbrauwen en dierkoppen. De aanwezigheid van reparatiesporen toont dat de helmen niet alleen pronkstukken waren, maar daadwerkelijk in de strijd werden gedragen. Daarnaast tonen ze dat helmen een kostbaar en prestigieus bezit vormden, dat met zorg en vaak nauwelijks zichtbaar werd gerepareerd.

Fig. 2. De reconstructie van een Vendelhelm in negen stappen: a. het knippen van het staal, b. het drijven van de hoekplaten, c. de stalen helmkap tijdelijk gemonteerd, d. de wasmodellen van de matrijzen, e. het monteren van het bronsblik, f. de wasmodellen van het dierkopje en de wenkbrauwen, g. het vullen van de mallen met brons, h. het bronzen afgietsel van een wenkbrauw, i. het monteren van het vlechtwerk van geklonken maliën (foto's ARRE Remaining History).

Een reconstructie van de helm uit Hallum

Voor het maken van een reconstructie van de oorspronkelijke helm werd de tweede auteur benaderd. Hij is verbonden aan ARRE Remaining History. Het verzoek was: reconstrueer een Vendelhelm, waarin bronzen kopieën van de dierkoppen uit Hallum zijn verwerkt. Het moeilijke aan deze opdracht was dat er behalve de dierkoppen geen andere delen van de helm bewaard zijn gebleven. Om toch tot een betrouwbare reconstructie te komen, zijn in overleg met de eerste auteur elementen van de Zweedse helmen, aangevuld met informatie over de helm uit Sutton Hoo (Bruce-Mitford 1978, 138-225), in één helm samengebracht. Verschillende stadia van de reconstructie, evenals de keuzes die hieraan ten grondslag liggen, worden hier per onderdeel van de helm besproken.

Helmkap

Over de constructie van de helmkap leveren vooral de helmen uit Valsgärde relevante informatie. Net als bij drie van deze helmen is ervoor gekozen het frame van de helmkap uit vier ijzeren banden op te bouwen: eentje rond het hoofd (de hoofdband), eentje van neus tot achterhoofd (de schedelband) en twee kortere van oor tot schedelband. De vier holtes tussen de banden zijn opgevuld met driehoekige, gedreven delen, die samen met het frame de feitelijke helmkap vormen (fig. 2a-c).

De Vendelhelm uit Hallum: een experimentele reconstructie

Fig. 3. Het eindresultaat van de reconstructie: een prachtige Vendelhelm, met een vlechtwerk van maliën ter bescherming van de hals (foto ARRE Remaining History).

Neus- en jukbeenbescherming

De bescherming van neus en jukbeenderen is veelal uit drie losse onderdelen opgebouwd: een neusband en twee gebogen banden voor de jukbeenderen. Verdere bescherming werd geboden door een soepel vlechtwerk van geklonken ijzeren ringetjes, of door hangende ijzeren banden. Het vlechtwerk is bij de helmen uit Vendel en Valsgärde het meest gebruikelijk en ook in de reconstructie toegepast (fig. 2i). Onduidelijk is of het onderste deel van de neusband óver dit vlechtwerk liep, of er juist onder wegviel. Geïnspireerd door de helm uit Valsgärde-graf 8, waarvan het vlechtwerk grotendeels bewaard is gebleven, is voor de tweede optie gekozen. Dit vlechtwerk is vastgezet aan de onderrand van de helm, aan schuin geplaatste 'ogen' die helemaal rondom lopen – net als bij de helm uit Vendel-graf XII.

Decoratieve elementen

De buitenzijde van de helm was in de meeste gevallen met decoratieve banden bekleed, waarvan de onderste over de hoofdband liep. De andere banden liepen van onderen naar boven, ter plekke van beide oren (over de schedelband) en aan weerszijde van de helmkam. Alleen bij de meest exclusieve helmen was de kap volledig met bronsblik versierd. De bronzen uitvoering van de dierkoppen uit Hallum levert geen aanwijzing dat dit ook bij de helm uit Hallum het geval was.

De keuze voor de symbolische motieven die in het bronsblik zijn gestempeld, is vrij willekeurig. Om de variatie aan motieven te tonen, is gekozen voor rijen van paraderende krijgers langs de onderrand (Vendel-graf XIV), twee 'dansende krijgers' boven de wenkbrauwen (Valsgärde-graf 7 en Sutton Hoo), krijgers te paard boven de oren (Sutton Hoo) en sierlijke diermotieven op de banden langs de kam (Valsgärde-graf 5). Voor de jukbeenbeschermers en de neusbeschermer is een decoratief vlechtmotief gekozen (Valsgärde-graf 6). Voor alle motieven zijn unieke matrijzen gemaakt; deze zijn eerst uit was gesneden (fig. 2d) en vervolgens in metaal afgegoten. Het bronsblik is met behulp van een stuk lood over deze matrijzen gehamerd om de reliëfs over te brengen, waarna de plaatjes met geribde banden aan de helm zijn bevestigd (fig. 2e).

Boven de openingen van de ogen zitten twee bronzen wenkbrauwen met decoratieve schuine ribben. De uiteinden lopen uit in kleine dierkopjes met een langgerekte snavel, zoals ook op de helm uit Vendel-graf XII te zien is. Centraal over de helmkap loopt de gegoten bronzen kam. De buitenzijde is met series van drie schuin lopende ribben versierd. Deze komen bij elkaar onder de centrale rib, waarvan de zijkanten ook met ribben zijn versierd. De helmkam sluit aan de voor- en achterzijde aan op de geribde delen van de dierkoppen uit Hallum. Al deze elementen zijn in was gekopieerd en vervolgens in brons afgegoten (fig. 2f-h).

Afwerking met leer en textiel
Het moeilijkste deel van de reconstructie vormt de keuze voor organische, archeologisch niet of zelden bewaard gebleven materialen. De aanname dat de buitenzijde van de helm met leer was bekleed, waarop de bronsfolie dan was bevestigd (Axboe 1987), is niet bewezen. Ook zijn de indrukken van textiel, die vaak aan de buitenzijde van helmen voorkomen, geen overtuigende aanwijzing voor het bekleden van de helm met doek; eerder was de helm ingepakt of afgedekt met textiel toen deze in het graf was geplaatst, zoals de afdrukken van textiel in corrosie óver de helmkam van de helm uit Valsgärde-graf 6 tonen. Besloten is de ijzeren kap tussen de bronsfolie niet verder af te dekken, waardoor een mooi contrast ontstaat tussen de kleur van het brons en van het ijzer. Om de helm comfortabel te kunnen dragen, is de binnenzijde voorzien van een losse kap van leer en wol.

De uiteindelijke reconstructie is indrukwekkend om te zien, vooral door het contrast tussen bronzen en ijzeren onderdelen (fig. 3). Als deze onderdelen zijn opgepoetst en niet door verblijf in een graf zijn aangetast, lijken ze van goud en zilver te zijn gemaakt. Voor het tonen van afkomst en roem te midden van andere krijgers, en het imponeren van de tegenstander op het slagveld, was een dergelijk pronkstuk uitermate geschikt.

Een experiment met nieuwe inzichten

Hoewel er vaker replica's zijn gemaakt van vroegmiddeleeuwse helmen, gebeurde dat slechts zelden in een wetenschappelijke context. In de meeste gevallen zijn ze objecten die bij re-enactment of 'levende geschiedenis' worden gedragen. Enkele uitzonderingen hierop zijn de reconstructies van de al genoemde helm van Sutton Hoo (Bruce-Mitford 1974) en de jongere Coppergate-helm uit York (Tweddle 1992, 1060-1075). Tijdens zijn studie heeft de tweede auteur vereenvoudigde reconstructies gemaakt van de helmen uit Ulltuna en Valsgärde-graf 5 (Pelsmaeker 2009).

Een reconstructieproces leidt tot een nauwkeurige analyse van de objecten die als voorbeeld dienen. Dit levert informatie over de technieken en materialen die gebruikt zijn om de originele helmen te fabriceren, terwijl de reconstructie zelf ook weer tot nieuwe inzichten en bruikbare praktische informatie leidt. Zo is duidelijk geworden dat het maken van een Vendelhelm met behulp van enige moderne middelen ca. 200 uur kost; met historisch gereedschap en grondstoffen kan dit gemakkelijk het drievoudige zijn geweest. Als grondstoffen zijn ijzer voor de kap en het vlechtwerk, een koperlegering (brons) voor de decoratieve elementen, leer en wol voor de voering, en was voor de matrixen en modellen gebruikt. Daarnaast zijn verschillende 'hulpstoffen' gebruikt, zoals klei, zand en gips voor de gietmallen, lood voor het aanbrengen van stempelmotieven, en zowel puimsteenpoeder als talg voor het polijsten.

Een opvallend aspect van Vendelhelmen is dat het plaatmateriaal van de helmkap gesmeed en niet, zoals tegenwoordig, gewalst is. Metingen aan de dikte van de helmkap, voor zover die zijn uitgevoerd, tonen daarom een grote variatie (Tweddle 1992, 946-954). Om de reconstructie een acceptabel gewicht en voldoende sterkte te geven, is gekozen voor staalplaat van 2 mm dikte voor het frame, en 1,5 mm dikte voor de vulplaten. Het resultaat is een niet te zware en toch zeer solide helmkap (fig. 2c).

De decoratie van het bronsblik is uitgevoerd met behulp van speciale matrijzen, die voor de reconstructie nieuw zijn gemaakt (fig. 2d). Dat een aantal siermotieven, met minimale variatie, is aangetroffen op meerdere helmen doet vermoeden

De Vendelhelm uit Hallum: een experimentele reconstructie

Fig. 4. Afvalproducten van de reconstructie: resten van het gietwerk en de matrijzen (links) en afsnijdsels van de metaalplaten (rechts). Dergelijke resten stellen de archeoloog in staat werkplaatsen voor de productie van helmen of specifieke helmonderdelen te traceren (foto ARRE Remaining History).

dat matrixen wellicht werden gemaakt van reeds bestaande plaatjes bronsblik. Het plaatje zou aan de achterzijde opgevuld kunnen zijn, bijvoorbeeld met pek of door bevestiging op een stuk leer, om voldoende dikte te creëren. Vervolgens is dit geheel in een eenvoudige, tweedelige mal van zand of klei afgegoten om een nieuwe matrix te vervaardigen. Het detailniveau van de originele motieven is uitzonderlijk hoog, een aanwijzing dat de afbeeldingen een specifieke cultureel-ideologische betekenis hadden (zie Mortimer 2011, 49-60); dit kan een aanvullende reden zijn geweest om bestaande motieven te kopiëren.

De rest van de helmdecoratie is ook in was gesneden en daarna in brons gegoten (fig. 2e-g). Om een groot object, zoals de kam, te gieten, is een forse wanddikte vereist. De dikte van de huidige kam (ca. 3 mm) wijkt echter af van die van originele helmkammen, die juist zeer dun zijn. Dit verschil suggereert dat de originele helmkammen niet gegoten, maar uit plaat gedreven zijn. Een extra argument voor drijfwerk is dat de versterkende rib over de kam altijd apart gemaakt is, terwijl deze bij gietwerk net zo makkelijk aangegoten had kunnen worden.

Bij de originele stukken zien we klinknagels voor de bevestiging van het dierkopje en de wenkbrauwbogen, maar geen sporen van bevestiging voor de helmkam. Bij de reconstructie is de helmkam eerst stevig aan de dierkoppen gemonteerd; deze zijn aan de helmbasis geklonken en houden de gehele kam zo goed op zijn plek. De wenkbrauwbogen helpen om zijwaartse beweging van het voorste kopje, en daarmee de kam, te minimaliseren.

Het vlechtwerk van geklonken maliën loopt over de neusbeschermer, zoals bij de helm van Valsgärde-graf 8. De maliën bleken hier echter moeilijk op hun plek te houden. De oplossing was het plaatsen van een extra metaaldraad door de bovenste rij ringen. Wellicht was het vlechtwerk bij de originele helm toch onder de neusbeschermer gemonteerd, maar is dit door corrosie en de wijze van restauratie onduidelijk geworden.

Hoewel het maken van een Vendelhelm verschillende complexe handelingen vereist, zijn de archeologische productiesporen minimaal. Er zijn slechts enkele (afval)producten die teruggevonden kunnen worden: gietmallen van klei, resten staalplaat en bronsblik, en natuurlijk de matrijzen voor het stempelen van het bronsblik (fig. 4). Helaas zal het meeste materiaal al in de middeleeuwen gerecycled zijn.

Conclusie

De reconstructie van de helm was een experimenteel proces, waarbij het maken van keuzes tijdens de productie allerlei nieuwe inzichten heeft opgeleverd. Hoewel het onwaarschijnlijk is dat de gereconstrueerde helm door de oorspronkelijke eigenaar als de zijne zou zijn herkend, wordt de functie van de dierkoppen uit Hallum nu in één oogopslag helder. Ook de relatie met Zuid-Scandinavië, zoals die ook uit de vorm en versiering van gouden en zilveren mantelspelden uit het Friese kweldergebied naar voren komt (zie Nicolay 2017), wordt zo beeldend gepresenteerd. Wat een Zweedse helm op een terp in Friesland doet, is een intrigerende en nog onbeantwoorde vraag die in een volgende *Paleo-aktueel* aan bod komt.

The Vendel helmet from Hallum: an experimental reconstruction

The bronze animal heads presented in Paleo-aktueel 28 were taken as the starting point for the reconstruction of a Vendel helmet to which they originally belonged. After a selection of more-or-less intact Vendel helmets from Swedish boat graves at Vendel, Valsgärde and Ulltuna are described shortly, the individual stages of the reconstruction are presented. During this experimental process all kind of choices had to be made, leading to new insights about the manufacture of the helmet crest (forged instead of cast), about the fastening of the central bow (with the help of both animal heads), and about the probable re-use of stamped bronze foils to produce new matrices. How the presence of a Swedish-type helmet in Friesland should be explained, is the subject of a forthcoming paper.

Noten

1. Groninger Instituut voor Archeologie, Poststraat 6, 9712 ER Groningen, j.a.w.nicolay@rug.nl.
2. ARRE Remaining History, J. W. Frisostraat 44, 9717 EP Groningen, info@remaininghistory.com.
3. De titel van de tentoonstelling was 'Pioniers van het Noorden, op ontdekkingsreis door Terpen- en Wierdenland' (19 december 2017 tot 6 mei 2018).
4. Na de ontdekking van de helmen uit Valsgärde zijn de helmen uit Vendel voor een tweede maal gerestaureerd; ook de helm uit Ulltuna is later opnieuw gerestaureerd.

Literatuur

Alkemade, M., 1988. *De helm in de vroeg-middeleeuwse elitecultuur. Een archeologische en ikonografisch onderzoek naar de helm in de Zweedse Vendelcultuur* (Afstudeerscriptie, Universiteit van Amsterdam). Amsterdam.

Arwidsson, G., 1954. *Valsgärde 8* (= Die Gräbfunde von Valsgärde II). Almqvist & Wiksells Boktryckeri AB, Uppsala.

Axboe, M., 1987: Copying in antiquity: the Torslunda plates. *Studien zur Sachsenforschung* 5/6, 13-21.

Bruce-Mitford, R., 1978: *The Sutton Hoo ship burial, volume 2: arms, armour and regalia*. British Museum Publications Limited, Londen.

Bruce-Mitford, R., 1974. A replica of the Sutton Hoo helmet made in the Tower Armouries, 1973. *Proceedings of the Society of Antiquaries of London* 54/2, 295-6.

Mortimer, P., 2011. *Woden's warriors: warfare, beliefs, arms & armour in northern Europe during the 6-7th centuries*. Anglo-Saxon Books, Little Downham.

Nicolay, J.A.W., 2017. Odin in Friesland. Scandinavian influences in the southern North Sea area during the Migration and Early Merovingian periods. In: B.V. Eriksen, A. Abegg-Wigg, R. Bleile & Ul. Ickerodt (red.), *Interaktion ohne Grenzen. Beispiele archäologischer Forschungen am Beginn des 21. Jahrhunderts*. Stiftung Schleswig-Holsteinische Landesmuseen Schloss Gottorf, Schleswig, 499-514.

Pelsmaeker, S.B.M., 2009. *Kamhelmen: pronk of pantser. Een onderzoek naar de functies van de vroeg-middeleeuwse helmen uit noordwest-Europa* (Ongepubliceerde bachelorscriptie, Rijksuniversiteit Groningen). Groningen.

Steuer, H., 1987a. Helm und Ringschwert. Prunkbewaffnung und Rangabzeichen germanischer Krieger. Eine Übersicht. *Studien zur Sachsenforschung* 6, 189-236.

Stolpe, H. & T.J. Arne, 1912. *Gravfältet vid Vendel*. Kungliga Vitterhets-, Historie- och Antikvitetsakademien, Stockholm [ook uitgegeven als Stolpe H. & T.J. Arne, 1927: *La Nécropole de Vendel*. Stockholm].

Tweddle, D., 1992. *The Anglian helmet from 16-22 Coppergate*. Council for British Archaeology, London.

Ethnoarcheologie in Noord-Canada: hoe klimaatverandering en kolonialisme de traditionele manier van leven van de Inuit hebben beïnvloed van 1300 n.Chr. tot nu

Sean P.A. Desjardins[1]

Veel van de tradities die de cultuur van de Inuit in de Foxe Basin regio in centraal Arctisch Canada hebben bepaald, staan al 700 jaar onder druk van externe sociale en ecologische factoren. Klimaatvariaties, met zowel warme als koude periodes, hebben grote gevolgen gehad voor de traditionele levensstijl. Daarnaast zijn er de negatieve gevolgen van het kolonialisme. Sinds het begin van de 20ste eeuw is het leven van de Inuit in deze regio drastisch veranderd door regels en wetten van de Canadese regering, gehandhaafd door de *Royal Canadian Mounted Police*, de Katholieke en Anglicaanse kerken en de *Hudson's Bay Company*. De seizoensafhankelijke nomadische jagers veranderden eerst in pelsjagers met semipermanente huizen en kregen uiteindelijk vaste verblijfplaatsen (Crowe 1970; Damas 1963). Tegenwoordig wonen alle Inuit in de regio in slechts twee moderne gemeenschappen: Igloolik en Hall Beach (zie fig. 1).

Ondanks de grote veranderingen zijn de Inuit in staat geweest om enkele belangrijke culturele tradities, zoals de jacht op zeezoogdieren, tot op de dag van vandaag te behouden. Doordat deze Inuit pas 60 jaar geleden hun seizoensafhankelijke levensstijl als nomadische jagers hebben opgegeven, zijn er onder ouderen en specifiek onder de *Elders*[2] nog mensen die levendige herinneringen hebben aan de manier waarop traditionele plaggenhutten werden gebouwd en dieren werden bejaagd voordat men in contact kwam met de westerse cultuur. Deze mensen, die vaak enkel Inuktitut spreken, en hun verhalen zijn bovendien de directe culturele en genetische afstammelingen van de klassieke Thule Inuit (ca. 1250 tot 1600 n.Chr.). Deze cultuur, gebaseerd op de jacht op Groenlandse walvissen, heeft talrijke goed bewaarde archeologische vindplaatsen nagelaten in de regio. Dit artikel beschrijft recent archeologisch onderzoek dat ik in deze regio heb uitgevoerd naar de levensvatbaarheid van de Inuitcultuur tijdens eerdere klimaatveranderingen, voordat ze in contact kwamen met de westerse cultuur. Daarnaast zal ik toekomstige plannen uiteenzetten voor ethno-archeologisch onderzoek naar de wijze waarop de Inuit nog altijd beïnvloed worden door het kolonialisme.

Eerder onderzoek: De reacties van Thule Inuit op historische klimaatverandering

Er is een groeiende belangstelling onder wetenschappers voor onderzoek naar de interactie van Arctische sociale systemen en klimaat (Jordan, et al. 2017). De archeologie heeft de potentie om op een langdurige tijdschaal deze interacties te beschrijven en zo een bijdrage te leveren aan onderzoek dat de sociaal-ecologische gevolgen van klimaatverandering bestudeert. In het Canadese Arctisch gebied bevinden de meeste archeologische vindplaatsen zich in permafrost, waardoor ze bijzonder goed bewaard zijn gebleven. In het afgelopen decennium heb ik bij meerdere Thule Inuit-vindplaatsen in Noord-Canada zeezoogdierbotten met aangehecht zacht weefsel gevonden op relatief geringe diepte. De rijkdom aan bot, ivoor, balein, gewei en zacht weefsel biedt interessant materiaal voor isotopenanalyse, aDNA en koolstofdateringen. Hierbij bestaat de mogelijkheid tot samenwerking met archeometristen en klimaatonderzoekers die een tijdreeks over klimaatveranderingen willen opbouwen.

Fig. 1. Een kaart van het noordelijk deel van Foxe Basin, met locaties die genoemd zijn in de tekst (kaart door F. Steenhuisen).

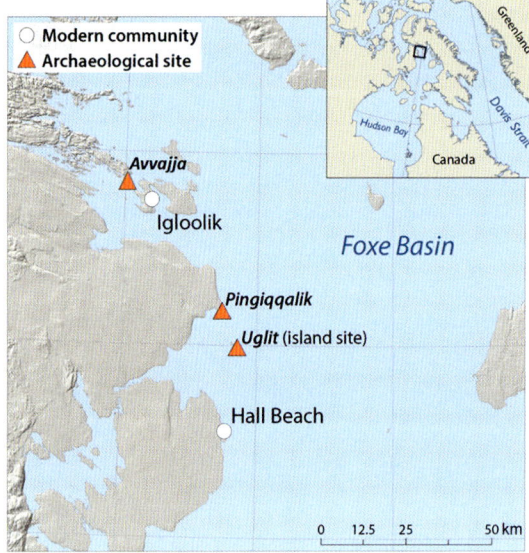

Voor de beantwoording van de vraag hoe de Inuit in Foxe Basin hebben gereageerd op veranderingen in het klimaat is het cruciaal om vast te stellen wat de heersende temperatuur was in de afgelopen 700 jaar. Deze periode beslaat zowat de gehele tijd dat er Inuit in het gebied leefden. De meestgebruikte en meest uitgebreide temperatuurreconstructies zijn gebaseerd op ijskernen en komen uit het Greenland Ice Core Project (GRIP) en het Greenland Ice Sheet Project 2 (GISP2). Het is echter onwaarschijnlijk dat temperatuurvariaties overal in het Arctisch gebied hetzelfde waren. Daarom is het van groot belang om ook paleodata te gebruiken die dichter bij het studiegebied zijn verzameld (D'Andrea et al. 2011). Gelukkig zijn er historische klimaatreconstructies uit de directe omgeving, die gebaseerd zijn op sedimentkernen uit meertjes met gefossiliseerde muggen, kiezelwieren en pollen. Al deze reconstructies ondersteunen de conclusie dat de Kleine IJstijd (ca. 1300-1900 n.Chr.) klimatologisch de moeilijkste tijd was voor de Inuit, voorafgaand aan de 20ste eeuw. In deze koude periode belemmerde dik zeeijs de beschikbaarheid van grote, langstrekkende Groenlandse walvissen (*Balaena mysticus*), die voor de Inuit voorheen een relatief hoge mate van voedselzekerheid hadden geboden.

Tussen 2012 en 2016 heb ik de voedelbeschikbaarheid voor jagers uit de klassieke Thule Inuitcultuur en hun nakomelingen onderzocht in Pingiqqalik, een groot maar nu verlaten kustdorp in het noordelijk deel van Foxe Basin, dat vroeger in de winter werd bewoond (Desjardins 2016 & in press). Koolstofdateringen en historische bronnen laten zien dat deze plek werd bewoond door Inuit vanaf ongeveer 1400 n.Chr. tot 1930. In 2012 zijn talloze artefacten opgegraven uit meerdere huizen en afvalhopen (fig 2). Een zoöarcheologische analyse van de grote hoeveelheid dierresten toont aan dat het dieet voornamelijk bestond uit Atlantische walrussen (*Odobenus rosmarus rosmarus*). Daarmee hadden deze bewoners zich verzekerd van een ongewoon rijke nieuwe voedselbron in vergelijking met Inuit uit andere Arctische gebieden. Een nabijgelegen systeem van *polynyas* (permanent open water in ijsrijk gebied), een optimaal habitat voor de walrus, kan de bewoners van Pingiqqalik bescherming hebben geboden tegen de ergste gevolgen van de Kleine IJstijd. De techniek om walrusvlees als wintervoorraad op te slaan in grindkuilen verzekerde de inwoners van Pingiqqalik het hele jaar door van voedsel (Desjardins in press). Minder langdurig, maar op een vergelijkbare manier, hebben de Thule Inuit van Walrus Island (Noordoost-Groenland) ook de moeilijke periode van de Kleine IJstijd overleefd (Grønnow et al. 2011).

Huidig onderzoek: kolonialisme en de traditionele levenswijze van de Inuit

Het is nog steeds onduidelijk hoe Inuitjagers zich aanpasten aan de veranderingen na de Kleine IJstijd. Het doel van mijn huidig onderzoeksprogramma in het Foxe Basin is te onderzoeken hoe men de manier van jagen succesvol aanpaste aan nieuwe sociale stress, terwijl andere traditties, zoals de bouw van traditionele plaggenhuizen, verloren gingen. Eerder is al beschreven hoe commerciële, religieuze en overheidsinvloeden

Fig. 2. Een selectie van Dorset Paleo-Inuit (A.-C.) en Klassiek tot post-Klassieke (D.-P.) artefacten van Thule Inuit, die opgegraven zijn uit meerdere contexten (huis en afvalhoop) in Pingiqqalik: A., gekerfd ivoren plaatje; B., miniatuur ivoren harpoenpunt; C., bifaciaal bewerkte spits van hornsteen; D., benen ulu (vrouwenmes) handvat; E., miniatuur zeepstenen qulliq (olielamp); F., ivoren vingerhoedhouder; G., ivoren spelonderdeel; H., miniatuur leistenen ulu mes; I.-L., ivoren harpoenpunten; M., ivoren harpoenpunt voor zalm; N., benen heft van een sneeuwmes; O., vuurstenen mes, vastgezet in een klein bot van een zeehond; P., benen mesheft.

zorgden voor een grote verandering in culturele tradities aan het eind van de 19de en het begin van de 20ste eeuw.

Het katholicisme en het anglicanisme werden relatief snel omarmd door de Inuit, omdat er al een wijdverbreid geloof in sjamanisme en kosmologie bestond (Laugrand & Oosten 2010). De traditionele architectuur veranderde toen de diep ingegraven ondergrondse plaggenhuizen, die bewoond werden in de koude wintermaanden (fig. 3), rond 1960 werden verlaten en vervangen door houten moderne huizen. De jachttechniek lijkt een uitzondering. De traditie overleefde en bestaat nog steeds, in aangepaste vorm, zowel op land als op zee. Dat is opvallend, want er waren veel tegenkrachten. In de nieuwe dorpsgemeenschappen vormde de jachtbuit een steeds kleiner deel van het dieet. De teams van sledehonden raakten ook buiten gebruik. Veel honden werden gedood door de *Royal Canadian Mounted Police*, uit angst voor hondsdolheid of zelfs als tactiek om de mobiliteit van Inuit te belemmeren (zie Tester 2010).

Vanaf de zomer van 2018 doe ik onderzoek naar de recente historische ontwikkeling in jachttechniek en dieet en de ontwikkeling van huisvestingspatronen en architectuur van Noord-Foxe Basin Inuit, door opgraving van twee locaties waar Inuit van 1600 n.Chr. tot onlangs leefden, in Avvajja en Uglit. Bij de interpretatie van de resultaten daarvan zullen moderne Inuitjagers en *Elders* uit Igloolik betrokken worden. Het is hun erfgoed, en zij beschikken over kennis uit eerste hand van het leven op deze plekken. Gebaseerd op eerder ethno-archeologisch onderzoek in dit gebied heb ik de verwachting dat ondanks de lage temperatuur, het dieet van de Inuit eeuwenlang stabiel kon blijven, van de Thulecultuur tot aan de moderne tijd, door de verfijnde manier waarop walrusvlees werd opgeslagen. Bovendien denk ik

Fig. 3. Resten van winterhutten, opgebouwd uit plaggen in het noordelijk deel van Foxe Basin, Nunavut. A., een karakteristiek Thule Inuit plaggenhuis met walvisbeenderen (waarschijnlijk bewoond van ca. 1600-1900 AD) bij *Uglit* (foto door de auteur 2014); B., een plaggenhut (1957 AD) bij het Inuitdorp *Qaersut* (foto credit National Museum of Denmark, 1957); C., drie Inuit vrouwen zitten in de restanten van een plaggenhut in Steensby Inlet, die bewoond was in de winter van 1956 (foto S. Leblanc, 2012). In de historische plaggenhut B vervangt een houten steunbalk de botten van de Groenlandse walvis die eerder werden gebruikt, zoals te zien is bij A.; ook een ingang die bestond uit grote stenen (zoals in A) werd vervangen door houten draagbalken in een meer westerse stijl (zoals in B). Tegenwoordig wonen Inuit uit Arctisch Canada niet meer in dit type seizoenshuizen.

dat de koloniale druk op de Inuit, om meer sedentair te leven, ertoe leidde dat de plaggenhutten en geïsoleerde winterverblijven onbewoond raakten, omdat ze ongeschikt waren voor bewoning gedurende het hele jaar. In plaats daarvan ging men in westerse huizen wonen, die het hele jaar rond bewoonbaar waren.

Zelden zijn archeologische en etnografische technieken gecombineerd in poolonderzoek, terwijl juist dit gebied zich er mooi voor leent en de twee elkaar zo goed kunnen aanvullen. Door een intensieve samenwerking met de lokale inheemse bevolking kan lokale kennis helpen bij de interpretatie en het beheer van archeologisch materiaal en komen we meer te weten over de achtergrond van geloof en levenswijze. Uit eigen ervaring weet ik dat het uitgebreid raadplegen van *Elders* veel inzicht kan geven in de manier waarop artefacten gemaakt zijn en het landschap gebruikt wordt. Deze gesprekken ondersteunen niet alleen de archeologische interpretatie, maar zijn ook van groot belang uit ethische overwegingen. Ze zouden dan ook een grotere rol moeten spelen als er afstammelingen zijn die dit soort kennis nog bezitten.

Het belang van een benadering waarbij de Inuit *Elders* centraal staan

Dit onderzoek richt zich op de sociale en ecologische factoren die de langetermijnontwikkeling van het dagelijks leven en de jachttechnieken in Arctisch Canada beïnvloed hebben. Onderwerpen zoals voedselzekerheid, historische rechten op landgebruik en de gevolgen van klimaatverandering voor de traditionele manier van leven, liggen cultureel en politiek gevoelig. Tegenwoordig maakt traditioneel gejaagd en verzameld voedsel nog maar zelden het leeuwendeel uit van het dieet in gemeenschappen in Arctisch Canada. Wel is traditioneel voedsel nog steeds een belangrijke aanvulling op dat dieet, omdat de import van westers voedsel in afgelegen dorpen duur is (zie Chan et al. 2006). Recentelijk is er ook veel aandacht voor de gevolgen van de huidige, door de mens veroorzaakte klimaatverandering op de jacht en de voedselzekerheid van moderne Inuit (bijv. Beaumier & Ford 2010). Voor veel moderne Inuit blijft het bejagen en eten van zeezoogdieren nog steeds een belangrijke traditie.

De mondelinge kennisoverdracht via de *Elders* is nog steeds van groot belang binnen de Inuitgemeenschap. De kennis over de relaties tussen mens, dier en omgeving, de bijzondere jachttraditie en de semi-nomadische levensstijl zijn bewaard gebleven door mondelinge overlevering. De huidige generatie *Elders* heeft deze informatie nog uit de eerste hand gehoord en zelf beleefd, maar heeft niet het eeuwige leven. Daarom is het juist nu cruciaal om deze kennis te beschrijven en te gebruiken bij de interpretatie van archeologische vondsten. De westerse (vaak onterechte) weerstand tegen de jacht op zeezoogdieren baart de *Elders* zorgen over het voortbestaan van deze traditie, die volgens hen een essentieel onderdeel vormt van hun culturele erfgoed en bovendien een belangrijke bron van voedsel is. Naar mijn mening is onderzoek in deze regio essentieel om de culturele weerstand van inheemse jager-verzamelaars in het Arctisch gebied, maar ook wereldwijd te inventariseren.

Ethnoarchaeology in Arctic Canada: Exploring how climate change and colonialism impacted traditional Inuit life, ca. AD 1300 to present

Over the past several hundred years, traditional practices of indigenous peoples across the circumpolar Arctic have been heavily impacted by ecological and social stresses, including episodes of dramatic climate change, as well as colonialist policies that restricted residential mobility and eventually encouraged year-round sedentism and cultural assimilation. Given its abundance of archaeological sites and the presence of a resilient, active subsistence hunting economy, the Foxe Basin region of arctic Canada is an ideal place in which to explore these issues. In this paper, I describe recent archaeological work I have carried out in the region, and outline my plans for ethnoarchaeological investigations there in the coming years.

Noten

1. Arctisch Centrum, Groninger Instituut voor Archeologie, Rijksuniversiteit Groningen.
2. *Elders* vertaalt men in het Nederlands als oudsten of ouderlingen. In deze publicatie wordt de Engelse term aangehouden omdat die beter aansluit bij de specifieke culturele context. De term is afkomstig van *First Nations* in Amerika. Een *Elder* wordt door de gemeenschap erkend als een belangrijk persoon met kennis van en ervaring met de traditionele cultuur, kennis en geschiedenis. *Elders* worden vaak geraadpleegd als adviseurs vanwege hun inzicht en wijsheid. Leeftijd hoeft hierbij niet leidend te zijn.

Literatuur

Beaumier, M.C. & J.D. Ford, 2010. Food insecurity among Inuit women exacerbated by socio-economic stresses and climate change. *Canadian Journal of Public Health* 101, 196-201.

Chan, H.M., K. Fediuk, S. Hamilton, L. Rostas, A. Caughey, H. Kuhnlein, G. Egeland & E. Loring, 2006. Food security in Nunavut, Canada: barriers and recommendations. *International Journal of Circumpolar Health* 65, 416-431.

Crowe, K.J., 1970. *A cultural geography of Northern Foxe Basin, N. W. T.* Ottawa: Department of Indian Affairs and Northern Development.

D'Andrea, W.J., Y. Huang, S.C. Fritz & N.J. Anderson, 2011. Abrupt Holocene climate change as an important factor in human migration in West Greenland. *Proceedings of the Natural Academy of Sciences* 108, 9765-9769.

Damas D., 1963. *Iglulingmiut kinship and local groupings: a structural approach.* Ottawa, Department of Northern Affairs and Natural Resources.

Desjardins, S.P.A., 2016. *Food Security, climate change and the zooarchaeology of Neo-Inuit sea-mammal hunting, northwest Foxe Basin, Nunavut, Canada.* McGill University, Montreal.

Desjardins, S.P.A., in press. Neo-Inuit strategies for ensuring food security during the Little Ice Age climate change episode, Foxe Basin, Arctic Canada. *Quaternary International.* DOI: 10.1016/j.quaint.2017.12.026

Grønnow, B., H.C. Gulløv, B.H. Jakobsen, A.B. Gotfredsen, L.H. Kauffmann, A. Kroon, J. B.T. Pedersen & M. Sørrensen, 2011. At the edge: high Arctic walrus hunters during the little ice age. *Antiquity* 85, 960-977.

Jordan, P.D., S.P.A. Desjardins & S. Sázelová, 2017. Long-term perspectives on Arctic change: implications for archaeology, palaeoenvironments and cultural heritage. Session co-organized at the 2017 Arctic Science Summit Week (ASSW), Prague.

Laugrand, F. & J. Oosten, 2010. *Inuit shamanism and Christianity: transitions and transformations in the twentieth century.* Montreal, McGill-Queen's University Press.

Searles, E., 2002. Food and the making of modern Inuit identities. *Food & Foodways* 10, 55-78.

Tester, F.J., 2010. Mad dogs and (mostly) Englishmen: Colonial relations, commodities, and the fate of Inuit sled dogs. *Études/Inuit/Studies* 34, 129-147.

Uitputtend onderzoek. De ontdekking van een vergeten 19de-eeuwse welput te Boazum (Fr.)

Yftinus van Popta & Remco Bronkhorst[1]

Het zal je maar gebeuren: je loopt 's ochtends nietsvermoedend naar buiten, en waar tot gisterenavond midden op het erf een mooi grasveld lag, is nu een gapend gat zichtbaar. Dit nogal ongewone scenario overkwam de familie Roorda uit Boazum op 16 juli 2017 (fig. 1). Midden op het erf van hun boerderij was een gat ontstaan met een diameter van 3 m en een diepte van bijna 5,5 m. De heer Roorda ontdekte bij inspectie van het gat dat het was ontstaan boven een tot dan toe onbekende bakstenen put, die vervolgens door hem werd leeggepompt en leeggeschept (fig. 2). De bewoners namen contact op met de gemeente Súdwest-Fryslân, enkele amateurarcheologen en verschillende media-instanties, maar dit leidde geenszins tot concreet onderzoek naar de put. Via een nieuwsbericht van Omrop Fryslân werd de interesse gewekt bij de auteurs van dit artikel en na contact met de familie Roorda werd besloten om de put op vrijwillige basis te documenteren. Deze bijdrage is het resultaat van het uitgevoerde onderzoek en gaat in op de wijze van (3D-)documentatie, de constructie, het vondstmateriaal, de datering en de functie van de put. Er wordt ook kort ingegaan op het omgaan met (jong) cultureel erfgoed waartoe deze put behoort.

Erfgoed of geen erfgoed, dat is de vraag

Archeologie heeft betrekking op een zeer brede tijdschaal en op zeer uiteenlopende overblijfselen. In het verleden werd wel de discussie gevoerd over hoe oud een fenomeen moet zijn om tot archeologisch erfgoed gerekend te worden. Vaak werd daarbij een minimum ouderdom van 50 jaar aangehouden, conform de 50-jarengrens uit de Monumentenwet 1988. Met de modernisering van de monumentenzorg in 2012 is deze grens komen te vervallen. In 2016 werd de Monumentenwet vervangen door de Erfgoedwet en ook daarin is de 50-jarengrens niet meer opgenomen. Kort gezegd betekent dit dat ieder object in de bodem, hoe jong het ook is, als een archeologisch fenomeen kan worden beschouwd. Fenomenen beperken zich vanzelfsprekend niet tot objecten maar kunnen bijvoorbeeld ook bestaan uit grondsporen en structuren. Binnen de categorie objecten worden geen verdere eisen gesteld dan dat het object door de mens is gemaakt of bewerkt. Een conservenblik uit 1950 dat wordt gevonden op een akker kan net zo goed als archeologisch object worden beschouwd als een kogelpot uit een laatmiddeleeuwse bewoningslaag in een terp. In de vorige zin staat bewust 'kan worden beschouwd', aangezien het aan het bevoegd gezag en/of de uitvoerder van het archeologisch onderzoek is om een inschatting te maken van de relevantie van objecten. Ter illustratie: bij een archeologisch onderzoek dat wordt uitgevoerd naar een terpzool in Friesland en waarbij de vraagstelling zich richt op laatmiddeleeuwse bewoning, is de kans aanwezig dat een afdekkende 19de- en 20ste-eeuwse puinlaag zonder verdere documentatie wordt verwijderd.

Bij de ontdekking van een archeologisch fenomeen is het in de regel aan het bevoegd gezag (veelal gemeenten) om de volgende stap te nemen. Dit is in ieder geval het melden van de vondst bij de Rijksdienst voor het Cultureel Erfgoed (RCE; in dienst van de minister van Onderwijs, Cultuur en Wetenschap) conform de meldingsplicht (artikel 5.10) in de Erfgoedwet. De melding wordt dan opgenomen in het

Fig. 1. De locatie van de boerderij en welput (in rood kader); inzetkaart met de ligging van Boazum (figuur Y.T. van Popta, RUG/GIA).

hoogstwaarschijnlijk grote afwijkingen bevatten, aangezien de aanleg van een nauwkeurig meetsysteem werd belemmerd door de beperkte ruimte en de grote diepte van de put.

Om deze redenen werd besloten gebruik te maken van fotogrammetrie, een techniek die haar waarde in archeologisch onderzoek al meermaals heeft bewezen.[2] Fotogrammetrie is, kort samengevat, een methode waarbij specialistische software een reeks 2D-foto's omzet in een 3D-model.[3] De resulterende modellen zijn over het algemeen zeer accuraat (mits de foto's op de juiste wijze genomen en verwerkt zijn) en het nemen van de foto's zelf kost betrekkelijk weinig tijd. De omzetting van 2D-foto's naar een 3D-model kan veel tijd in beslag nemen, maar verloopt grotendeels geautomatiseerd. Door zogenaamde *Ground Control Points* (GCP's) in te meten en te koppelen aan het 3D-model, krijgt het de juiste schaal en een geografisch correcte locatie.

De fotogrammetrische documentatie van de welput te Boazum vereiste enige creativiteit. De put is diep en betrekkelijk smal, en voor een nauwkeurig 3D-model moeten de foto's op verscheidene hoogtes worden genomen. Voor het maken van de foto's werd daarom gebruikgemaakt van een zogenaamde *monopod*, een telescopische fotopaal die uitschuifbaar is tot een lengte van 5,5 m. Een camera op de paal werd verbonden met een smartphone, als afstandsbediening. De fotograaf kon zo vanaf de bodem van de put alle zijden en niveaus van de put documenteren zonder dat andere voorwerpen zoals ladders in de weg stonden.

In ongeveer anderhalf uur effectieve werktijd werden 550 foto's genomen, een hoog aantal voor een betrekkelijk kleine constructie. Dit aantal werd met name veroorzaakt door de geringe afstand tussen camera en voorwerp (i.e. de put), waardoor steeds slechts een klein deel van de put gefotografeerd kon worden. Daarnaast heeft de put een complexe houten constructie, die met veel detailfoto's vastgelegd moest worden. Enkele herkenningspunten (de GCP's) langs de rand van de put en in de put werden ingemeten met een

Archeologische Informatiesysteem (Archis) van de RCE en is vanaf dat moment bij alle archeologische instanties bekend. In het geval van de put in Boazum is de vondst door de grondbezitter wel gemeld bij de gemeente, maar die heeft de put nooit aangemeld in Archis.

Informatie putten uit putten

Voorafgaand aan het veldonderzoek was al duidelijk geworden dat het maken van een traditionele veldtekening niet haalbaar was. Het handmatig tekenen van de duizenden stenen en talloze houten onderdelen zou zeer veel tijd in beslag nemen. Daarnaast zou het eindresultaat

Uitputtend onderzoek. De ontdekking van een vergeten 19de-eeuwse welput te Boazum (FR)

Fig. 2. De welput nadat deze door de bewoners was leeggepompt en leeggeschept (foto A.J. Bronkhorst, RUG/GIA).

Geen regenput, wel welput

Het leven is onlosmakelijk gekoppeld aan de aanwezigheid van water. Al duizenden jaren wordt geprobeerd om toegang tot deze belangrijke bouwsteen te krijgen. Eén van de meest gebruikte methodes daarvoor is het graven van een put. Meestal worden deze putten simpelweg 'waterputten' genoemd, verwijzend naar hun functie: het vasthouden van water. Toch zijn er bij waterputten onderlinge verschillen waarneembaar. De voornaamste onderverdeling is gebaseerd op de bekleding van de schacht van putten die kan bestaan uit onder andere hout, baksteen, vlechtwerk en plaggen (De Bruyne *et al.* 2013: 35). Ook kan aan de hand van de aanvoerwijze van water een onderscheid tussen waterputten worden gemaakt. De meest voorkomende typen zijn waterputten die hemelwater opslaan (ook wel regenputten genoemd) en waterputten die gevuld worden met grondwater. Laatstgenoemde putten zijn, in tegenstelling tot regenputten, een zeer betrouwbare en constante bron van water. Op veel plekken in Nederland bevindt grondwater zich relatief dicht onder het oppervlak en kan het eenvoudig met een put worden bereikt. Het grondwater welt vervolgens in de put, die daarom aangeduid wordt met de term welput. Er zijn verschillende manieren waarop welputten werden gebouwd. Zo werden bijv. houten tonnen op elkaar geplaatst (tonputten) of bakstenen op elkaar gemetseld. Onderin de put werd vaak een houten putkrans (zinkring) geplaatst waarop (1) de fundering van de put kon rusten zonder dat deze verder weg zou zinken in de bodem en (2) een opening ontstond waardoor het grondwater omhoog kon komen. Het zal dus duidelijk zijn dat gemetselde en houten waterputten geen vaste bodem hebben. Een variant hierop is de welput die gewoonlijk bestaat uit gestapelde bakstenen die los op elkaar liggen. Het grondwater stroomt dan door de nauwe openingen tussen de stenen de put binnen en wordt daarbij enigszins gefilterd. Het is dan in ieder geval geschikt als waswater en drinkwater voor dieren. De in deze

differentieel gps om het model absolute afmetingen en coördinaten te geven. De punten in de put zelf dienden tevens als controlemiddel voor de nauwkeurigheid van het model.[4] De controle maakte duidelijk dat de uiteindelijke afwijking verwaarloosbaar was (<3 mm).

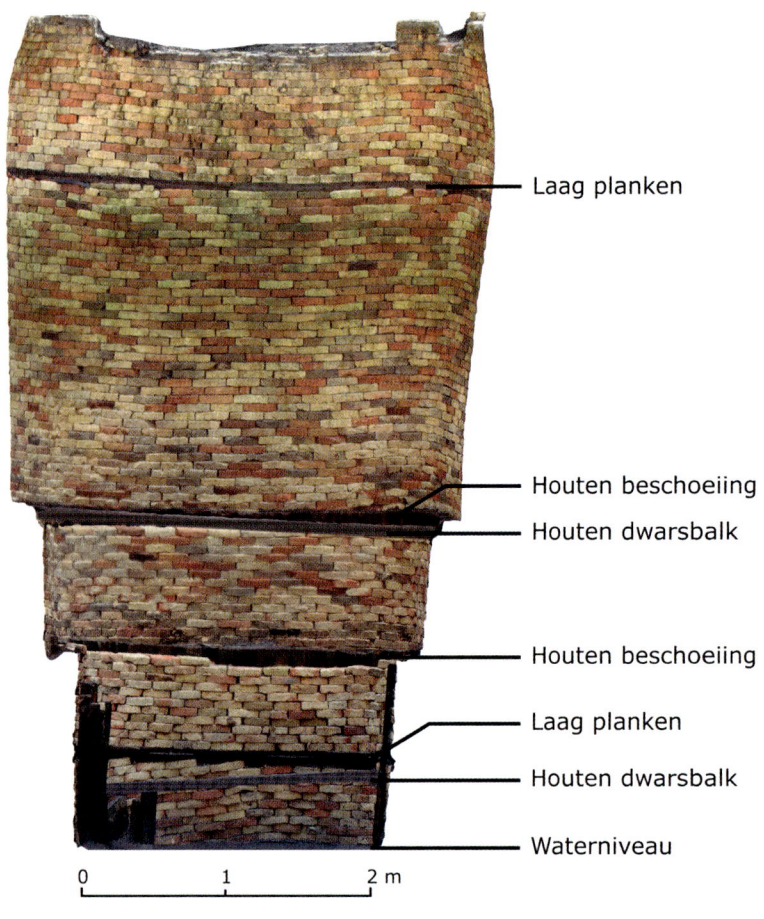

Fig. 3. Doorsnede van het fotogrammetrisch model van de welput met de belangrijkste constructieonderdelen (figuur A.J. Bronkhorst, RUG/GIA).

Twee zware dwarsbalken geven extra steun aan de houten beschoeiingen die zich achter de bakstenen bevinden en de noodzakelijke weerstand bieden aan de inwaartse druk van de omliggende grond (fig. 4). Immers, de baksteentjes liggen in los verband en zullen daardoor weinig bijdragen aan de stevigheid van de put. De bakstenen betreffen relatief kleine en platte gele metselstenen, zogenaamde Friese geeltjes, die gemiddeld 210 x 105 x 48 mm meten. In totaal werden er bijna 4200 gebruikt in de constructie van de put.

Tussen de bakstenen van de bovenste en de onderste ring zijn houten planken zichtbaar. Deze zijn vermoedelijk aangebracht om onregelmatigheden in de constructie op te vangen, een vlak niveau te creëren voor de rest van de constructie en de bovenwaartse druk gelijkmatig te verdelen. Eventuele gaten tussen de bakstenen en planken zijn opgevuld met fragmenten van bakstenen en roodgeglazuurde dakpannen. Bovenin de put zijn sponningen van houten balken teruggevonden en vijf (gebroken) balken bleken onderin de put te liggen. Het zal duidelijk zijn dat deze balken samen een dwarsconstructie hebben gevormd waarop een houten deksel heeft gelegen. Onderin de put zijn tijdens het leeghalen delen van dit houten deksel teruggevonden. Het is onduidelijk of de put oorspronkelijk al van boven afgesloten was, of dat dit pas gebeurde toen de put buiten gebruik raakte. In beide gevallen kan er sprake zijn geweest van een opbouw boven het maaiveld (niet aangetroffen), om bijv. verontreiniging van het water tegen te gaan of om te voorkomen dat het deksel te zwaar werd belast door erop te gaan staan.

De voordelen van fotogrammetrie zijn niet beperkt tot de snelle wijze van documentatie, maar de techniek stelt ons ook in staat enkele verdere berekeningen te doen aan de put. Wanneer de put tot de rand gevuld wordt, heeft hij een capaciteit van 32,5 m³ (32.500 liter). Het daadwerkelijke potentieel zal uiteraard afhankelijk zijn geweest van de snelheid waarmee het water uit de grond welde. Gedurende de documentatie werd de

bijdrage besproken waterput te Boazum is duidelijk een welput van het laatstgenoemde type, gezien de eigenschappen van de constructie.

Constructie, functie en interpretatie

De put heeft een min of meer ronde vorm en een maximale diepte van 5,5 m, en is opgebouwd uit drie verschillende 'ringen' die naar onder toe steeds nauwer worden (fig. 3). De binnenbekleding van de put bestaat uit bakstenen die 'koud' op elkaar zijn geplaatst (dat wil zeggen zonder het gebruik van mortel). De daadwerkelijke sterkte van de put wordt gewaarborgd door verscheidene houten onderdelen die door de natte en zuurstofloze omstandigheden perfect bewaard zijn gebleven.

Fig. 4. Orthofoto (bovenaanzicht) van de welput met de verscheidene onderdelen (figuur A.J. Bronkhorst, RUG/GIA).

Legenda
- Houten beschoeiing
- Baksteen
- Dwarsbalk

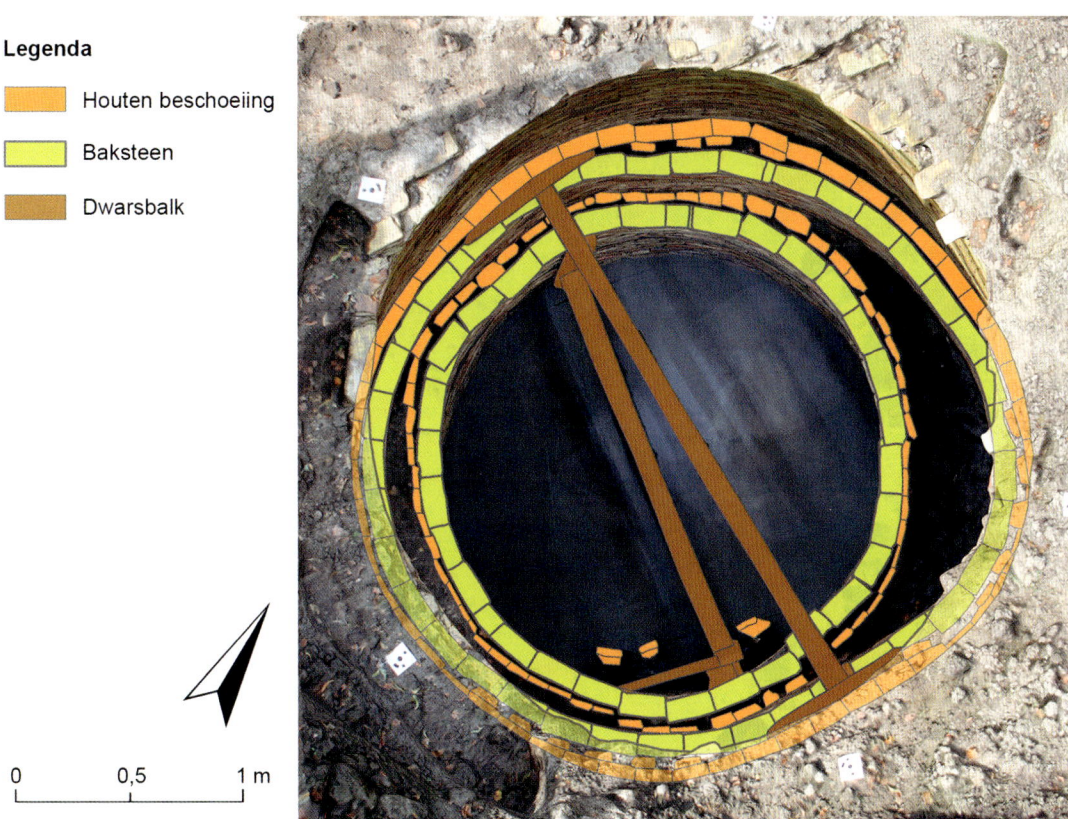

pomp verwijderd om niet opgenomen te worden in het fotogrammetrisch model. Hierdoor steeg het waterpeil in de put gestaag: in 1 uur en 57 minuten steeg het water 16,8 cm. Omgerekend betekent dit dat er – onder de toenmalige omstandigheden – per uur ongeveer 256 liter water in de put stroomde. Een dergelijke capaciteit zal de vraag van de bewoners van de bijbehorende boerderij ruimschoots overstijgen, maar dit is niet verrassend als we kijken naar de functie van de put. In de zijkant van de put is namelijk een metalen buis zichtbaar die vermoedelijk aangesloten is geweest op de melkkelder die een tiental meters van de put verwijderd is. Het welwater werd dan via de buis aangevoerd om de zuivel in de kelder mee te koelen.

De familie Roorda woont sinds 1990 op de boerderij te Boazum. Al die tijd was onbekend dat er een diepe welput dicht onder het maaiveld lag, schuin voor het woonhuis en dicht langs het pad richting de schuur. Ook de vorige bewoners van de boerderij, die er in 1952 kwamen te wonen, hebben niet geweten van het bestaan van de welput. Indirect suggereert dit dat de bewoners daarvoor ook onbekend met de put zijn geweest. De huidige woning is gebouwd in 1882 door architect J.R. Nijdam uit Jirnsum in opdracht van de eerste bewoner, A. Looxma IJpeij. De woning is gebouwd op dezelfde plaats als de oudere boerderij die tot 1880 werd bewoond door J.R. Heeringa. In de Leeuwarder Courant van 30 september 1881 staat vermeld dat de oude woning zal worden afgebroken en dat op dezelfde locatie een nieuw boerenhuis zal worden

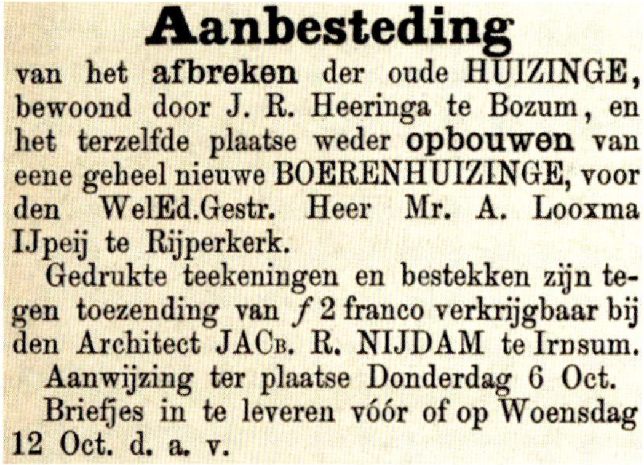

Aanbesteding
van het **afbreken** der oude HUIZINGE, bewoond door J. R. Heeringa te Bozum, en het terzelfde plaatse weder **opbouwen** van eene geheel nieuwe BOERENHUIZINGE, voor den WelEd.Gestr. Heer Mr. A. Looxma IJpeij te Rijperkerk.
Gedrukte teekeningen en bestekken zijn tegen toezending van *f* 2 franco verkrijgbaar bij den Architect JACB. R. NIJDAM te Irnsum.
Aanwijzing ter plaatse Donderdag 6 Oct.
Briefjes in te leveren vóór of op Woensdag 12 Oct. d. a. v.

Fig. 5. Advertentie in de Leeuwarder Courant van 30 september 1881 met daarin de aanbesteding van de afbraak van de boerderij waarop de welput was aangesloten (bron Koninklijke Bibliotheek).

opgebouwd (fig. 5).[5] Op de Topografisch Militaire Kaart van 1850 staat deze oude woning al aangegeven. Het zal vermoedelijk dit boerenhuis (en de melkkelder daarvan) zijn geweest waarop de welput was aangesloten.

Vondstmateriaal

Op de stort, ontstaan tijdens het leeghalen van de put, zijn verschillende aardewerk- en steengoedfragmenten aangetroffen. De meest opvallende vondst is een steengoed randscherf met opstaand oor. Het fragment is bedekt met zoutglazuur met daarop kobaltversiering. Veelal wordt dit steengoed verzameld onder de termen 'Keulse potten' en 'Keuls aardewerk', maar aangezien er verschillende productiecentra waren zou het meer terecht zijn om het steengoed uit het Duitse Rijnland te noemen (Bartels 2011: 76-81). Een exacte datering van dit relatief kleine fragment is moeilijk te achterhalen gezien de lange traditie van dit steengoed, maar het voorwerp dateert vermoedelijk uit de 19de eeuw. Een tweede vermeldenswaardige vondst is een randfragment van een roodbakkend geglazuurde platte bakpan met steel. De pan is zowel aan de binnen- als aan de buitenkant geglazuurd en heeft vermoedelijk op drie kleine pootjes gestaan. Roodbakkend aardewerk heeft een lange gebruikstraditie die begint in de Late Middeleeuwen. De scherf uit de welput dateert op basis van de vorm en het glazuur uit de 18de of de 19de eeuw (Gawronski *et al.* 2012: 271-272). Een derde vondst is een randscherf van een kopje gemaakt van witbakkend aardewerk (faience) en aan zowel de binnen- als buitenkant voorzien van een laag tinglazuur. Op de buitenkant is een restant van groene koperversiering zichtbaar en een beschadiging van een pin die gebruikt is om het kopje te bakken in de oven. De scherf is te klein om tot een sluitende datering te komen, al wordt vermoed dat het net als de andere in de put gevonden voorwerpen uit de 18de of de 19de eeuw dateert.

Conclusie

Constructies zoals de hier besproken welput te Boazum verdienen de nodige aandacht omdat ze een waardevolle blik bieden op het (in dit geval reeds verdwenen) nabije pand en bijbehorende bedrijfsvoering. De hoge capaciteit van de put oversteeg de vraag naar water voor normaal dagelijks gebruik binnen de huishouding en doet vermoeden dat de welput een functie vervulde binnen het agrarisch bedrijf. De aansluiting van de put op de nabijgelegen melkkelder lijkt deze aanname verder te onderbouwen.

De verfijnde houten constructie en het gebruik van de duizenden baksteentjes, evenals het noodzakelijke graafwerk getuigen niet alleen van de investering die benodigd was, maar ook van de technologische vaardigheid van de bouwers van de put. Dit laatste blijkt tevens uit het feit dat de put zo'n twee eeuwen na aanleg nog vrijwel ongeschonden is. Het gebruik van baksteentjes als filter garandeerde een zekere kwaliteit van het water. Aangezien er blijkbaar eisen werden gesteld aan de waterkwaliteit, is het goed mogelijk dat de put niet alleen koelwater voor de melkkelder leverde, maar tevens was- en drinkwater (voor vee).

Aanbeveling

Het is van grote toegevoegde waarde om archeologische fenomenen als de hier besproken welput aan te melden bij de RCE, opdat ze kunnen worden opgenomen in Archis. Geadviseerd wordt dendrochronologisch onderzoek aan het hout van de putconstructie uit te voeren om tot een exactere datering van de put te komen. Ten slotte benadrukken wij de waarde van de toepassing van fotogrammetrie om complexe archeologische fenomenen in detail te documenteren en te analyseren.

Dankwoord

Graag willen we de familie Roorda – in het bijzonder Ilse – bedanken voor de gastvrijheid, goede verzorging en levering van informatie voor de totstandkoming van dit artikel. Verdere dank zijn wij verschuldigd aan Harold Broekmans voor zijn nuttige input. Ten slotte zijn wij het Centrum voor Informatie Technologie van de RUG erkentelijk voor het verlenen van toegang tot het Peregrine rekencluster voor de uitwerking van het 3D-model.

Wishing well. The discovery of a forgotten 19th-century water well at Boazum (FR)

On the 16th of July 2017, a large hole opened up in the garden of a family in the Frisian village of Boazum, the Netherlands. The residents soon realised that it was the result of a collapse above a previously unknown brick-lined well in an overall good state of conservation. The construction was documented by using photogrammetry, and the resulting 3D model proved valuable for a further constructional and functional analysis. The well dates from the 19th century. It probably served to cool a nearby milk-cellar of an older farm that was demolished sometime after 1881.

Noten

1. Groninger Instituut voor Archeologie, Poststraat 6, 9712 ER Groningen, y.t.van.popta@rug.nl; a.j.bronkhorst@rug.nl.
2. Zie bijv. De Reu *et al.* 2014.
3. Zie Willemsen & Seubers 2015: 39-41 voor een korte introductie op fotogrammetrie en een verdere uitleg van de gehanteerde methode.
4. Het fotogrammetrisch model is te bekijken via https://skfb.ly/6tx6M.
5. Zie hiervoor het archief van de Koninklijke Bibliotheek dat online te raadplegen is op www.delpher.nl.

Literatuur

Bartels, M., 2011. *Steden in scherven. Vondsten uit beerputten in Deventer, Dordrecht, Nijmegen en Tiel (1250-1900)*. Zwolle, SPA-Uitgevers.

De Bruyne, S., A. Ervynck & K. Haneca, 2013. *Waterputten als archeologische informatiebron.* Brussel, Flanders Heritage Agency.

De Reu, J., P. De Smedt, D. Herremans, M. Van Meirvenne, P. Laloo & W. De Clerq, 2014. On introducing an image-based 3D reconstruction method in archaeological excavation practice. *Journal of Archaeological Science* 41, 251–262.

Gawronski, J., R. Jayasena, A. Lagerweij, S. Ostkamp, R. Tousain & J. Veerkamp, 2012. Catalogue of archaeological ceramics from Amsterdam 1175-2011. In: J. Gawronski (red.), *Amsterdam ceramics. A city's history and an archaeological ceramics catalogue*. Amsterdam, Uitgeverij Bas Lubberhuizen, 104–312.

Willemsen, S.L. & J.F. Seubers, 2015. Toegevoegde waarde of waardeloze toevoeging? Ervaringen met 3D-documentatie in het veld. *Paleo-aktueel* 26, 37–46.

Wat de Yesser nonnen aten: Voedselconsumptie in een Cisterciënzer nonnenklooster te Essen, Groningen

Morvenna van Rijn, Francis Koolstra & Stijn Arnoldussen[1]

Archeologisch onderzoek naar kloosterterreinen in Noord-Nederland richt zich vaak primair op het herleiden van het grondplan en ruimtegebruik van het kloostergoed (bijv. Praamstra & Boersma 1977; Loer & Kooi 2008), waarbij de reconstructie van patronen van voedselconsumptie en voedselproductie vaak maar een bijrol speelt. Het onderzoek van de voedseleconomieën van kloosters wordt daardoor vooral geleid door historici, die hun onderzoek met name toespitsen op historische bronnen, zoals jaarboeken, inventarislijsten en huishoudelijke rekeningen (bijv. Benders 2011).

In algemene zin is bekend dat kloosterlingen er andere voeding op na hielden dan leken. Zo werd op specifieke dagen gevast, wat onder meer betekende dat men minder at en geen vlees consumeerde. Verschillende kloosterordes leefden bovendien volgens leefregels, waarin strikte voorschriften met betrekking tot de consumptie van voedsel staan. In de regel van St. Benedictus staat bijvoorbeeld: *Carnium vero quadrupedum omnimodo ab omnibus abstineatur comestio, praeter omnino debiles aegrotos* (liber 39.11), hetgeen betekent dat viervoetige dieren niet gegeten mochten worden, behalve door zwakken en zieken. Wel werd er binnen Benedictijner orden veelvuldig gediscussieerd over het al dan niet toestaan van de consumptie van gevogelte (De Moor 1994: 202). Als reden werd aangedragen dat zowel vogels als vissen op de vijfde scheppingsdag geschapen waren, terwijl viervoetige dieren op de zesde dag werden geschapen.

De cisterciënzerorde, die ook de regel van St. Benedictus naleefde, was van mening dat men zich geheel van vlees, zowel dat van viervoetige dieren als gevogelte, moest onthouden en men een sober vegetarisch dieet moest volgen (ibid; Van Moolenbroek 2006: 175; 181). De lekenbroeders en -zusters (*conversen*) volgden meestal een minder streng regime. Sowieso was een karig dieet wenselijk: men meende dat de geslachtsorganen direct verbonden waren met de buik, waardoor wellust (*luxuria*) direct uit gulzigheid (*gula*) volgde. Cisterciënzerorden vasten zelfs zo streng, dat er gedurende 201 dagen per jaar slechts één maaltijd per dag gegeten werd (Van Moolenbroek 2006: 179-181). Van soberheid mocht echter worden afgeweken op feestdagen, of wanneer een novice intrad (om deze te laten wennen aan het andere eetpatroon) of om visiterende abten te fêteren (Van Moolenbroek 2006: 189). Kloosters waren – anders dan de gewone middeleeuwse bevolking – kapitaalkrachtig genoeg om bij zulke uitzonderingen luxe voedsel aan te schaffen en te presenteren op luxe serviesgoed.

In deze bijdrage wordt op basis van opgravingsgegevens van het Cisterciënzer nonnenklooster te Yesse – dat tussen 1215 en 1595 in gebruik was – getracht een uitspraak te doen over de voedselconsumptie van de kloosterlingen. Was deze inderdaad sober en vegetarisch, of spreekt uit de studie van de gewassen en het slachtafval een ander verhaal?

Conventus sanctimonialium in Yesse: onderzoek naar Klooster Yesse

De naamgeving en duur van de kloosterperiode van Yesse zijn door historische documenten goed bekend. Op basis van de abtenkroniek van Aduard is duidelijk dat het in 1215 of 1216 gesticht moet zijn, en ook is bekend dat als gevolg van de Reductie van Groningen de abtszegels van alle

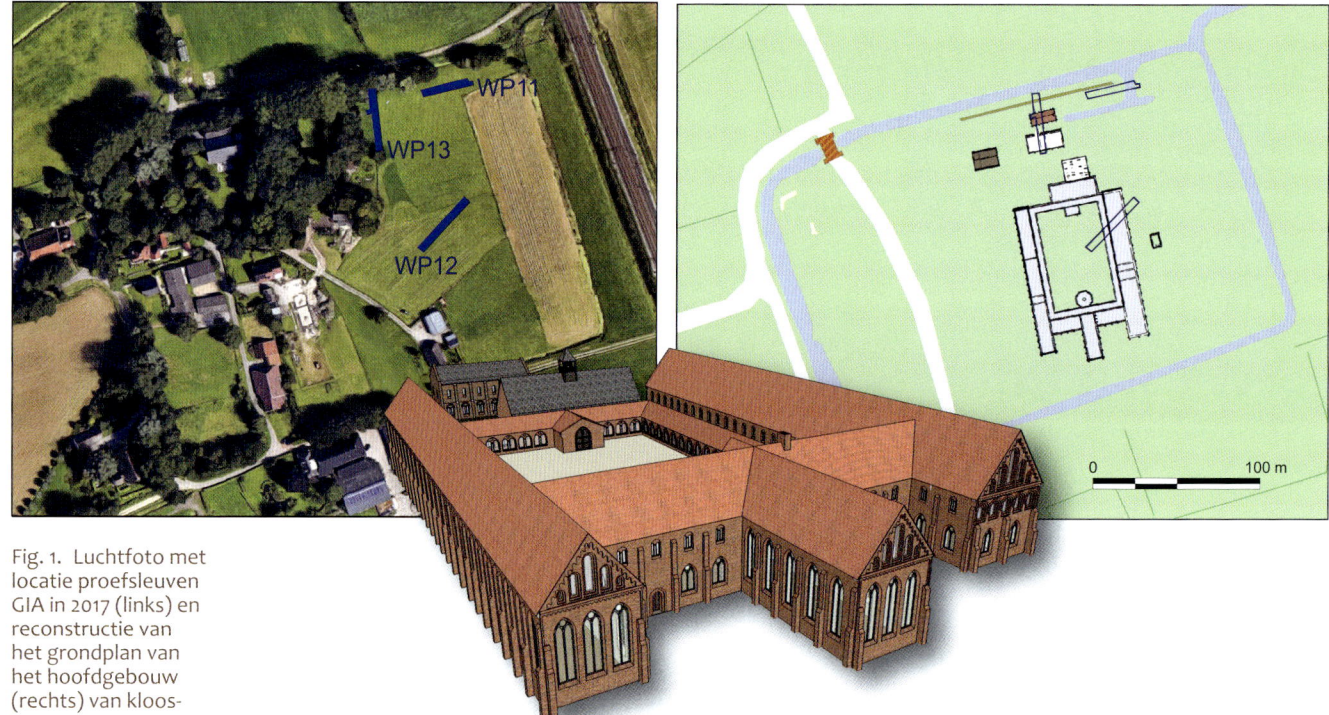

Fig. 1. Luchtfoto met locatie proefsleuven GIA in 2017 (links) en reconstructie van het grondplan van het hoofdgebouw (rechts) van klooster Yesse, met een indruk van de mogelijke opbouw (midden onder; model M. Scholte Lubberink/ S. Arnoldussen).

Groninger kloosters op 15 februari 1595 moesten worden ingeleverd (Van Moolenbroek *et al.* 2010: 79; 344). Historisch kaartmateriaal toont wel – op schematische wijze – de plaats van klooster Yesse aan, maar hoe het kloostergoed eruitzag, was echter onbekend. Pas in 2010 werd een eerste poging gedaan om met gravend archeologisch onderzoek de aard en invulling van het kloostergoed te onderzoeken (Van Hoof 2012). In 2016 werd aanvullend grondradaronderzoek uitgevoerd (Jonkman 2016). Op basis van deze voorkennis was het mogelijk om een voorstel te doen voor de ligging en opbouw van de hoofdbebouwing van het klooster (fig. 1).

In 2017 ontstond een samenwerking tussen het Groninger Instituut voor Archeologie, de eigenaar Stichting het Groninger Landschap, de bevoegde overheden (gemeente Haren en provincie Groningen) en Stichting Bezoekerscentrum Klooster Yesse om deze hypothese te toetsen en meer inzicht te verkrijgen in het dagelijkse en monastieke leven van de Yesser nonnen. Daarbij is het plan om de komende vijf jaar klooster Yesse als leeropgraving voor de studenten archeologie van de Rijksuniversiteit Groningen te gebruiken. In 2017 zijn sleuven gegraven door een binnengracht (WP11), de oostelijke pandgang en vertrekken (WP12), door twee bijgebouwen en een mogelijke kleinere omgrachting (WP13).

Onderzochte archeobotanische en zoölogische monsters

Voor het onderzoek naar botanische resten zijn in totaal 25 monsters bekeken uit de verschillende werkputten, variërend van cultuurlagen die aan het klooster voorafgaan tot sloten die waarschijnlijk jonger zijn dan het klooster. Voor het onderzoek naar dierlijke resten zijn in totaal 42 monsters bekeken, waarvan 35 afkomstig uit gemengde puinlagen van het klooster. Slechts één fragment dierlijk bot en twee zaden hebben een ^{14}C-dateringen

Wat de Yesser nonnen aten

Fig. 2. Overzicht van resten van voedselgewassen afkomstig van Yesse. Recente voorbeelden staan afgebeeld boven de aangetroffen fragmenten (foto M. van Rijn/S. Arnoldussen).

opgeleverd. Voor zeven contexten met dierlijk bot zijn archeologische dateringen toe te kennen. Hiermee is het niet mogelijk om op dit moment de vier eeuwen aan kloosterbewoning in diachrone zin te bespreken. Op dit punt moet worden volstaan met de vaststelling dat de specifieke contexten (genoemd waar relevant) en stratigrafische positie enkel aannemelijk maken dat de hier besproken resten met het klooster geassocieerd zijn.

Resultaten archeobotanisch onderzoek

In dertien monsters zijn resten van gebruiksplanten aangetroffen. De monsters bevatten zaden en vruchten van gewassen (akker en moestuin), noten en vruchten (fig. 2). Met uitzondering van vlas in werkput 11, zijn verder alle gewassen in werkput 12 aangetroffen. Deze bestaan uit Zesrijige gerst (*Hordeum vulgare*), rogge (*Secale cereale*), vlas (*Linum usitatissimum*), molleboon (*Vicia faba* ssp. *equina*), erwt (*Pisum sativum*) en pastinaak (*Pastinaca sativa*). In werkput 11 en in mindere mate werkput 13 zijn de noten en vruchten aangetroffen: hazelaar (*Corylus avellana*), pruim (*Prunus domestica*), Gewone braam (*Rubus fruticosus*), framboos (*Rubus idaeus*) en Gewone vlier (*Sambucus nigra*). De diversiteit aan soorten komt min of meer overeen met de resultaten van eerder botanisch onderzoek aan klooster Yesse (Kooistra 2012). Er zijn hierbij geen macroresten van gebruiksplanten aangetroffen, maar in een palynologische analyse van de gracht en een daarbinnen gelegen greppel waren de gewassen haver, gerst of tarwe, rogge, vlas, boon en hennep wel vertegenwoordigd. Met uitzondering van haver en hennep zijn alle soorten in het huidige macrobotanische onderzoek aanwezig.

Werkput 12

De resten uit werkput 12 komen op basis van ^{14}C-dateringen én archeologische faseringen en dateringen uit meerdere fasen. Het vermoedelijk oudste gewas betreft enkele verkoolde korrels van Zesrijige gerst uit een vroegmiddeleeuws cultuurdek gelegen op het dekzand (v473). Deze cultuurlaag bevatte ook pollen van gerst of tarwe (Groenendijk & Woldring 2012: 69). De ^{14}C-datering van graankorrels uit dit monster ligt tussen circa 670 en 770 n.Chr. (v473), dus de overgangsperiode van de Merovingische naar de Karolingische tijd en sluit daarbij goed aan bij eerdere vermoedens dat ter plaatse in de Vroege Middeleeuwen akkerbouw werd bedreven (*op.cit*: 70). Op deze lichtgrijze cultuurlaag ligt een meer donkergrijs en vermoedelijk volmiddeleeuws cultuurdek. Uit deze laag zijn diverse monsters bekeken (v388, v468) die eveneens resten van granen zoals Zesrijige gerst en rogge, maar ook vlas, molleboon en pastinaak hebben opgeleverd. In monster 388, afkomstig uit de volmiddeleeuwse cultuurlaag (S5030), is een grote hoeveelheid vlasresten aangetroffen. Omdat deze cultuurlaag direct onder de leemvloer ligt, is deze vermoedelijk ouder dan de periode waarin het klooster functioneerde (circa 10-12^e eeuws). Ook aan het klooster voorafgaand zijn de resten van Zesrijige gerst en mollebonen. Deze zijn afkomstig uit een breed, humeus en vondstrijk spoor dat door een fundering van het klooster wordt doorsneden (v431). Mogelijk betreft het een visvijver of verdiepte werkplaats van een eerdere (klooster)fase, aangezien vloerlagen van een latere fase in het spoor ingezakt waren. Uit grondsporen die wel met de kloosterfasen samenhangen zijn nog vijf mollebonen (v379, v412), een erwt, vlas en gerst (v412) aangetroffen. Ook uit een paalkuil (S17, v418) en een vullaag tussen twee vloerfases (S22, v469) kwamen in totaal drie fragmenten van Zesrijige gerst tevoorschijn.

Zowel direct voorafgaand aan als tijdens de kloosterperiode lijkt de consumptie van (en mogelijk ook productie en/of opslag van) granen, peulvruchten en vlas dus een belangrijke rol te spelen. Gerst en rogge zijn in laatmiddeleeuwse contexten normale verschijningen en konden prima op eigen terrein worden verwerkt en/of verbouwd. Het vooral zandige karakter van de bodem waar klooster Yesse op is gesitueerd, leent zich hier goed voor. Volgens de kroniek van het St. Bernardusklooster te Aduard beschikte klooster Yesse tevens over een eigen roggemolen (Bos 2014: 43). Dit kan betekenen dat in ieder geval rogge werd verwerkt gedurende de kloosterperiode. Van de daadwerkelijke verbouw van het gewas hoeft echter geen sprake geweest te zijn. Rogge werd namelijk in grote hoeveelheden verkregen uit de vele jaarlijkse betalingen. Zo vermeldt een akte uit 1342 (Cartago, kloosterarchief, inv. nr. 183, reg. 27) dat Jacobus, pastoor te Broke (Westbroek) verklaart dat zijn parochie jaarlijks een aantal mudde rogge als rente aan Yesse moet schenken (een mud is ca. 91 liter graan).

Gerst zal vooral gebruikt zijn geweest voor het maken van pap (brij) en/of bier. Veel middeleeuwse kloosters beschikten over een eigen brouwerij. De met muren en grachten omringde Sint Stevensabdij in Oudwijk bij Utrecht brouwde, en het Dionysius- of Nieuwe Nonnenklooster (te Amsterdam) had zelfs twee brouwsters in dienst om continu te kunnen brouwen (Oldenburger 2011: 93). Voor Yesse is bekend dat graaf Edzard I van Ostfriesland in 1505 uit het klooster Yesse liet halen: "…*uut dat cloester toe Essen al oer browreescap: ketel, kupen ende tunnen ende voert ander huesresschup: kannen, potten, ketelen, bedden, etcetera*" (Flikkema 2016: 24).

Groenten zoals molleboon en pastinaak werden in de Late Middeleeuwen veel geconsumeerd. Uit historische bronnen blijkt dat het beheren van een nutstuin (kruiden- en groentetuin, boomgaard, visvijver) binnen de ommuring van een (klooster)terrein of vlak daarbuiten heel gebruikelijk was (Van 't Hof 2002: 16-21). Volgens het kloosterplan van Sankt Gallen wordt pastinaak in de keukentuin gekweekt en groeiden bonen in de medicinale tuin (Muusers 2011: 67-68). Het is dan ook vrij aannemelijk dat deze groenten door de zusters van klooster Yesse op eigen terrein werden verbouwd. De vondst van een zaadvrucht van pastinaak (en de groente op het land geschoten moet zijn geweest), kan lokale verbouw aantonen.

Werkput 11
De brede gracht die in werkput 11 werd aangetroffen, werd vermoedelijk in opdracht van de zusters aangelegd om een verbinding van het binnenterrein, via de buitengracht en Molensloot, met de Hunze te creëren. Op basis van de ^{14}C-datering van onverkoolde plantenresten wordt deze gracht gedateerd op 1295-1395 n.Chr. Dit gedateerde niveau betreft echter een tweede fase: zowel eerder als later is deze gracht nog in gebruik geweest. De tweede insteek van de (binnen)gracht in het noordoosten van het kloosterterrein heeft hiermee ongeveer tachtig jaar later dan de bouw van het klooster plaatsgevonden (vermoedelijk omdat deze vol sedimenteerde). Op de diepte van de datering werden vlaskapsels (vruchtdoos) aangetroffen, en

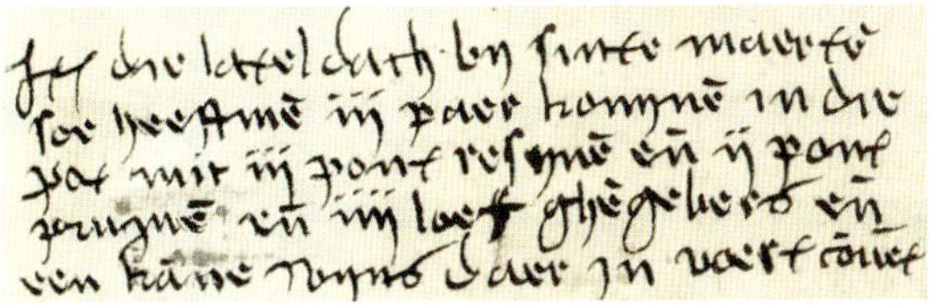

Fig. 3. Uitsnede uit het pitantiejaarboek met recepten van klooster Mariënpoel te Leiden (ca. 1540-1554; Van Rijn & Corbellini, in voorb.). De tekst beschrijft "... soe heeft men 3 paer konijnen in die pot mit 3 pont resijnen ende 2 pont pruijnen ende 4 loet ghengekers ende een kanne wijns.." (Leiden, ELO, 503, no. 899, fol17r).

hoger in de opvulling resten van vlier (v295). De zaden van vlas kunnen worden geconsumeerd en er kan olie uit worden geperst. Voor het maken van linnen en touw werd vlas geroot. Dit vond plaats in stilstaand of stromend water, waarbij het laatstgenoemde de beste kwaliteit vezel geeft (Van Beurden *et al.* 2003: 3-4). De aanwezigheid van een gracht met stromend water op het terrein, door de verbinding met de Hunze, leverde vast een uitstekende kwaliteit vlasvezels op, maar van de productie zijn echter geen aanwijzingen gevonden.

Een mogelijk jongere sloot in werkput 11 (S16, v326) leverde zaden op van framboos, braam, pruim en de dop van een hazelnoot. Deze vondsten kunnen zowel op de aanwezigheid van een nabijgelegen nutstuin als op consumptie ter plaatse wijzen (waarbij de zaden via de sloten verspreid raakten). Uit historische rekeningen blijkt dat (hazel)noten vaak in grote hoeveelheden werden gekocht op de markt (Ligtenberg 1908). De aanwezigheid van fragmenten van hazelnootdoppen op het terrein van klooster Yesse kan zowel betekenen dat deze door de zusters op een markt werden gekocht of dat de hazelaren deel uitmaakten van een plaatselijke boomgaard, zoals verondersteld wordt door Groenendijk en Woldring (2012: 69). Pruim, braam en framboos werden in de Middeleeuwen regelmatig aangeplant in boomgaarden en enkele soorten ter beschutting langs grachten (Bastiaens *et al.* 2013: 300). In elk seizoen waren verschillende soorten fruit beschikbaar en een geliefde lekkernij in de Middeleeuwen. Het werd vooral als zoetmaker in gerechten gebruikt (fig. 3). Het Kartuizerklooster bij Geertruidenberg had zelfs een eigen rekeningboek gewijd aan fruit: *pro fructibus* (Sanders 1990: 92).

Werkput 13
Uit de fundering van één van de gebouwen in werkput 13 (mogelijk pakhuizen nabij de binnen gracht van WP11?) zijn negen zaden van vlier aangetroffen (S8, v439). Een funderingsspoor in deze put leverde op 2 m -maaiveld nog eens 144 zaden van vlier op (S5047, v426). Uit historische bronnen is bekend dat de vruchten en bloemen van vlier vrij vaak in de keuken werden gebruikt, zowel voor culinaire als medicinale doeleinden. De kans is daarom groot dat aangetroffen resten van vlier wijzen op consumptie van vlier door de zusters. De grote hoeveelheid resten van vlier in monster 426 uit werkput 13, wijst op de aanwezigheid van een vlier in de nabije omgeving.

Resultaten: archeozoölogisch onderzoek

In totaal zijn 299 resten met een totaalgewicht van 3662,7 gram bekeken. Hiervan waren slechts 145 fragmenten op soort te determineren (fig. 4). Vele fragmenten konden slechts als 'zoogdier' (n = 50), 'groot zoogdier' (n = 41) of 'middelgroot zoogdier' (n = 56) worden gedetermineerd. Ook de botten van vogels en vissen waren niet altijd op soort te brengen. Alle resten van zoogdieren zijn afkomstig van (landbouw)huisdieren, waaronder rund (*Bos taurus*), geit (*Capra hircus*), schaap/geit (*Ovis aries/Capra hircus*), varken (*Sus domesticus*) en paard (*Equus caballus*). Het botmateriaal van vogels is afkomstig van zowel tamme als wilde soorten. De eerste categorie omvat kip en tamme gans (*Anser anser domesticus*). Mogelijk werden kippen en ganzen gehouden voor hun eieren. De wilde vogels worden vertegenwoordigd door kolgans (*Anser albifrons*), zomer/wintertaling (*Anas querquedula/crecca*) en roek (*Corvus frugilegus*). Uit aankoopgegevens van het vrouwelijke cisterciënzerklooster te Leeuwenhorst

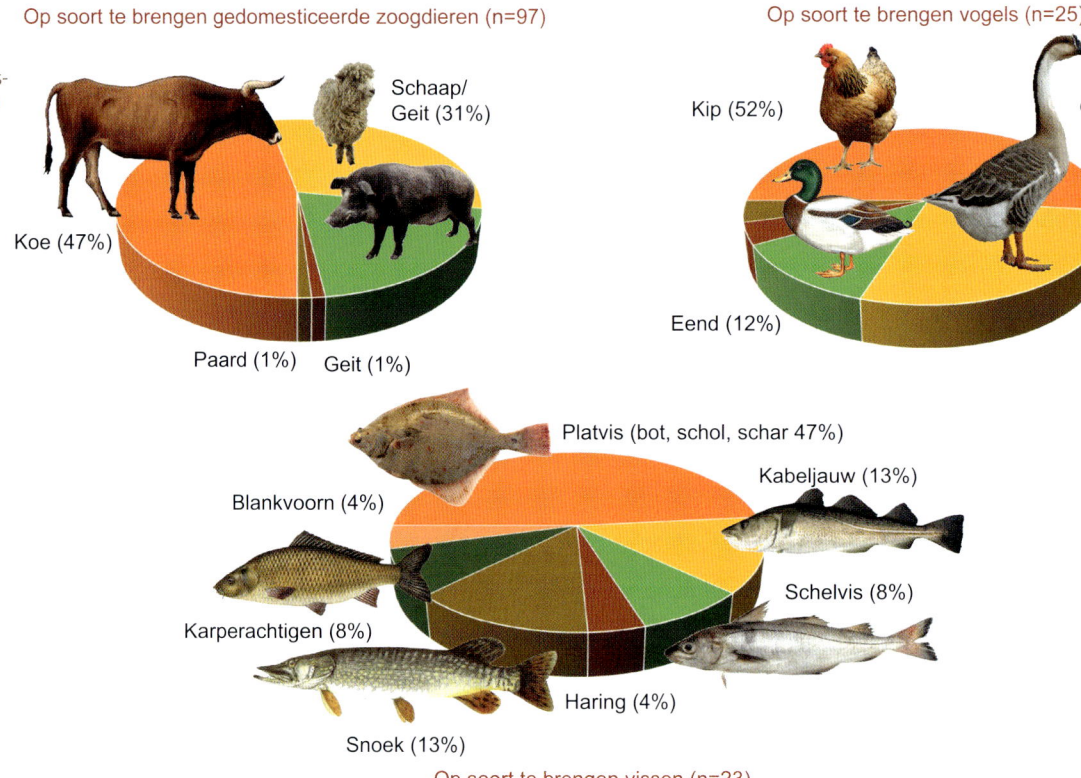

Fig. 4. Overzicht van de op soort gedetermineerde resten van gedomesticeerde zoogdieren (linksboven), vogels (rechtsboven) en vissen (onder) (afbeelding S. Arnoldussen).

(1261-1574) is bekend dat er grote hoeveelheden gevogelte, waaronder kippen, ganzen en eenden werden aangekocht (De Moor 1994: 215). Aangenomen wordt daarom dat dit te Yesse ook het geval was.

De vissen zijn zowel door zoet- als zoutwatervissen vertegenwoordigd. Bij de zoetwatervissen gaat het om blankvoorn (*Rutilus rutilus*), snoek (*Esox lucius*) en van de platvisachtigen mogelijk om bot (*Platichthys flesus*). De zoutwatervissen worden vertegenwoordigd door haring (*Clupea harengus*), schelvis (*Melanogrammus aeglefinus*) en van de platvisachtigen mogelijk schol en schar (*Pleuronectes platessa* en *Limanda limanda*). We weten dat zeewater via de Hunze af en toe tot in de gracht rondom Yesse doordrong (Groenendijk & Woldring 2012: 68). Zowel de zoetwatervissen als soorten die brak water tolereren kunnen daarom in de Yesser gracht zelf gevangen zijn. Zoutwatervissen, zoals haring en schelvis, zijn hoogstwaarschijnlijk op de markt gekocht. Het is niet aannemelijk dat deze vissen in de Hunze voorkwamen. Een andere mogelijkheid voor het aanvullen van de visvoorraad is dat het klooster zelf een schip bezat, waarmee de zoutwatervissen werden gevangen. Het klooster te Leeuwenhorst had namelijk ook minstens twee schepen ter beschikking die als vissersschip gebruikt konden worden (De Moor 1994: 229). Leeuwenhorst beschikte tevens over speciale visrechten (De Moor 1994: 374), maar voor Yesse is hier echter niets over bekend.

Lokale veeteelt of gekocht op de markt?
De meeste resten zijn afkomstig van rund en omvatten elementen uit alle delen van het lichaam

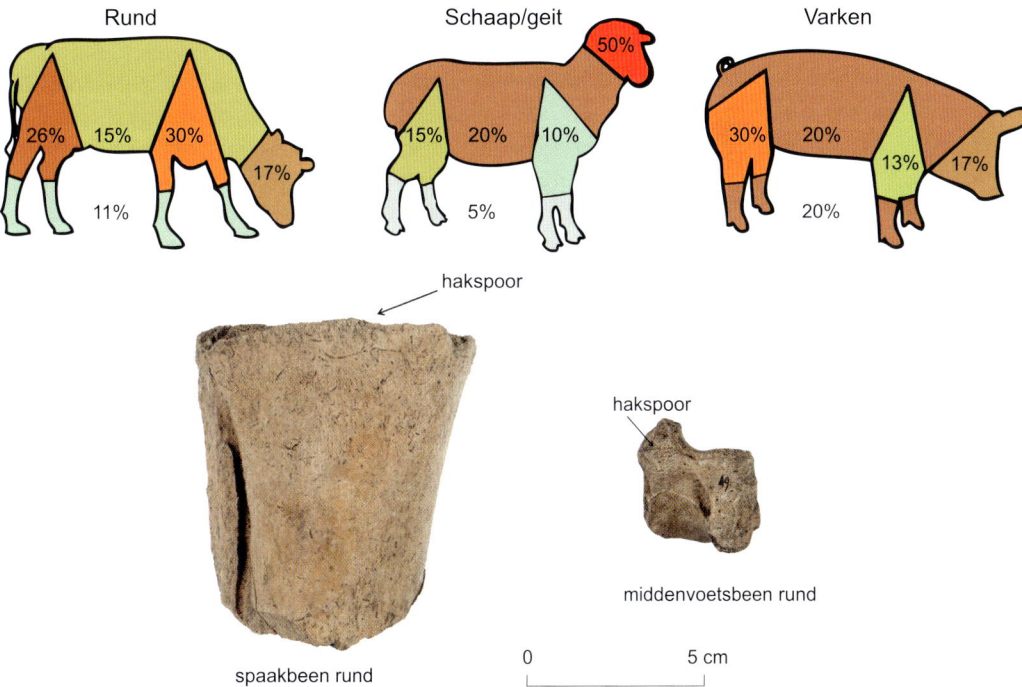

Fig. 5. Skeletvertegenwoordiging (boven) en voorbeeld van snijsporen (onder) op de gedomesticeerde zoogdieren van Yesse.

(fig. 5). Dit wijst erop dat er mogelijk op het kloosterterrein is geslacht. De meeste hak- en snijsporen zijn te zien op de skeletdelen uit de voor- en achterpoot en zijn allemaal veroorzaakt door het van elkaar lossnijden van de botten uit de poten. Meer dan de helft van de elementen is afkomstig uit de voor- en achterpoten. Dit zijn de delen die veel vlees en bot (voor merg en om soep van te trekken) bevatten en deze worden zodoende als keukenafval geïnterpreteerd. Een verklaring voor deze oververtegenwoordiging is dat deze delen mogelijk op de markt werden gekocht ter aanvulling.

De slachtleeftijdverdeling van rund is bepaald op basis van de vergroeiing van de botdelen en de slijtage van de tanden. Dit laat zien dat vleesproductie waarschijnlijk het hoofddoel was voor het houden van vee. Er zijn echter ook aanwijzingen voor de aanwezigheid van jonge en oudere runderen. Daarom zal melkproductie en gebruik als trekdier ook een rol gespeeld hebben. Het gebruik van runderen om een ploeg of kar te trekken is bekend uit andere kloosters (De Moor 1994: 212). Te Yesse zijn echter (nog) geen botten aangetroffen met botveranderingen, veroorzaakt door overbelasting, die dit bevestigen.

De resten van schaap/geit (op basis van uitsluitend botfragmenten lastig uit elkaar te houden) zijn eveneens afkomstig uit het hele lichaam, maar voornamelijk uit de kop (fig. 5). Het kleine aantal resten kan echter een vertekening van de werkelijke verhoudingen geven: het betreft vooral veel kleine schedelfragmenten en tanden die mogelijk allemaal van hetzelfde dier afkomstig zijn. Snijsporen op het proximale uiteinde van een dijbeen wijzen op het lossnijden van het dijbeen van het bekken: schapen werden dus ook gegeten en mogelijk op het kloosterterrein geslacht. De leeftijdsgegevens van schaap/geit laten zien dat er zowel jonge (voor melk?) als oude dieren (voor wol?) aanwezig waren. Omdat cisterciënzers in het algemeen een aanzienlijk deel van hun inkomsten ontleenden aan het fokken van schapen voor wolproductie (De Moor 1994: 211), is het aannemelijk dat er ook schapen werden gehouden rondom Yesse.

De resten van varken komen uit alle delen van het lichaam en zijn wederom indicatief voor lokale slacht op het kloosterterrein. De meeste resten van varkens zijn afkomstig van jonge of jongvolwassen dieren, die werden geslacht voor hun malse vlees. De meeste resten zijn afkomstig uit de achterpoot. Een verklaring voor deze oververtegenwoordiging kan zijn, dat er ter aanvulling ook vleesrijke delen (hammen op de poot) van varken op de markt werden gekocht. De relatief grote hoeveelheid varken kan te maken hebben met het feit dat varkensvlees in de Middeleeuwen als goed en voedzaam vlees werd beschouwd (De Moor 1994: 214).

Discussie: voedselconsumptie te Yesse en de Regel van Benedictus

Het archeologisch onderzoek te Yesse heeft diverse aanwijzingen voor de productie en consumptie van voedsel en vee te Yesse opgeleverd. Binnen de landerijen van het klooster (corpusgoed) werd, op minder dan 1 km afstand van het klooster, op basis van toponiemen vermoedelijk rogge en herfstknolraap geteeld (het Ruivenstukkie en het Roggenstukkie genaamd; Deterd Oude Weme 2015: 223). Er waren verder ook percelen in gebruik voor inscharing van vee en het telen van rijshout (*ibid.*). Granen zoals gerst en rogge zullen in een brouwerij en bakkerij zijn verwerkt en werden mogelijk als overeengekomen schenkingen (tienden) gelost via de binnengracht onderzocht in werkput 11. Door de aanwezigheid van het (geschoten) zaad van pastinaak en de kapsels van vlas is plaatselijke verbouw en/of verwerking van deze gewassen waarschijnlijk. Vlas kan zowel voor de zaden in de keuken als voor de vezels (textielproductie) in de werkvertrekken zijn gebruikt. Het gebruik van vlasolie voor het bakken was voor kloosterlingen vooral van belang gedurende de vastenperiode. Van de peulgewassen (bonen, erwten) kan niet bewezen worden dat deze ter plaatse werden geteeld, maar ze kunnen, net als bij vele andere kloosters, in een plaatselijke moestuin hebben gestaan. Hoewel de aangetroffen resten van de verschillende noot en fruitsoorten uit sporen komen die vermoedelijk van na het functioneren van het klooster dateren, is het zeer waarschijnlijk dat ook in de kloosterperiode (1215-1595) een (fruit)boomgaard op het kloosterterrein aanwezig was of de producten op een markt werden gekocht, gezien het historische gedocumenteerde belang van fruit in de middeleeuwse keuken.

In de gracht konden – vanuit de Hunze aangevoerde – vissen van zowel zoetwatersoorten als brakwater tolerante (platvis)soorten worden gevangen. Een deel van de te Yesse geconsumeerde vis is echter, al dan niet door boten van het klooster, op zee gevangen en op de markt aangekocht. Consumptie van vis in monastieke orden is een belangrijke wijze waarop uiting wordt gegeven aan het verbod op het eten van vierbenige dieren. Bepalingen van isotopen van te Yesse begraven individuen heeft inderdaad aangetoond dat een aanzienlijk deel van het menu van deze mensen uit vis bestond. Verder lijken watervogels, zoals ganzen (zowel tam als wild) en eenden, een belangrijke rol te spelen in het menu. Kippen en ganzen werden vermoedelijk zowel voor eieren als vlees gehouden.

De bovenbeschreven plantaardige en dierlijke voedselpatronen zijn in overeenstemming met de eerbiediging van de Regel van Benedictus. Een aantal diersoorten lijkt hierop een uitzondering te vormen. Soorten als snoek werd destijds tot de luxere (wereldlijke) vissoorten gerekend, waarvan devote Cisterciënzers zich eigenlijk zouden moeten onthouden (Van Moolenbroek 2006: 185). Zoals blijkt uit de verdeling van de skeletelementen en het voorkomen van snij- en haksporen, werden er (landbouw)huisdieren ter plaatse geslacht voor consumptie. Deze gegevens zijn echter in tegenstelling met wat de regel van St. Benedictus voorschrijft en leiden tot de mogelijke conclusie dat men zich te Yesse niet aan de voorschriften hield. Echter, naarmate de 15e eeuw vorderde, werden de eetgewoonten in de cisterciënzerkloosters versoepeld (Van Moolenbroek 2006: 195). Zo werd er in 1439 bepaald dat men zich op maandagen, woensdagen, vrijdagen en zaterdag van vlees moest onthouden; op de resterende dagen was het dus toegestaan om vlees te consumeren (De Moor 1994: 205; Burton & Kerr 2011: 113). Daarnaast omvatte het klooster ook veel personen die wel vlees mochten eten, zoals proveniers (Flikkema 2013), voorname bezoekers (die omwille van te verlenen gunsten moesten worden gepaaid) en zieken (Van Moolenbroek 2006: 188-190). Van het Engelse klooster Beaulieu Abbey is bekend dat de ziekenzalen voor de monniken en lekenbroeders (omringd door kippenrennen en duiventillen) elk een varken per week 'verbruikten' (*op.cit.* 188). Tot slot waren er vele speciale gelegenheden binnen de orde waar dispensaties voor waren (De Moor 1994: 228-235). Zo werden er, op basis van gedocumenteerde uitgaven, te Leeuwenhorst tijdens de visitatie van een *abdis pitanties* (verzachtingen, van *pietas*) met vlees van gevogelte en zoet- en zoutwatervissen aangeschaft (De Moor 1994: 231-232; Van Moolenbroek 2006: 186). Ook bij de intrede van een novice werden aanvankelijk de regels versoepeld zodat zij geleidelijk konden wennen aan het sobere dieet (Burton & Kerr 2011: 110).

What the Yesser nuns ate: Food consumption in a Cistercian convent in Essen, Groningen

Archaeological research of monasteries primarily focuses on reconstructing the monastic architecture and the use of space, often referring to historical sources. During such research projects, food consumption by the monastics is often neglected in archaeobotanical and -zoological research. This paper presents the results of research carried out on plant and animal remains which were recovered during the 2017 excavation of the former convent of Yesse at Haren, which functioned from 1215 until 1594. This interdisciplinary research shows that it is possible to nuance what was eaten by the convent's residents, which contributes to a better understanding of the products that were consumed in medieval monastic institutions in the Netherlands.

Noten
1. Groninger Instituut voor Archeologie, Poststraat 6, 9712 ER Groningen, m.vrijn@hotmail.com, franciskoolstra@gmail.com, s.arnoldussen@rug.nl.

Literatuur
Bastiaens, J., O. Brinkkemper, K. Deforce, C. Rövekamp, P. van der Bremt & A. Zwaenepoel, 2013. *Inheemse bomen en struiken in Nederland en Vlaanderen. Herkenning, verspreiding, geschiedenis en gebruik.* Amsterdam, Boom.

Benders, J.F., 2011. *Een economische geschiedenis van Groningen* (Groninger Historische Reeks 39). Assen, Van Gorcum.

Beurden, L. van, L. Kubiak & M. van Waijjen, 2003. *Vlasroten op een twaalfde eeuwse nederzetting te Utrecht Leidsche Rijn. Een botanisch onderzoek* (BIAXiaal 181). Zaandam, BIAX.

Bos, A., 2014. *Yesse door de eeuwen heen.* Haren (Harener Historische Reeks 20).

Burton, J. & J. Kerr, 2011. *The Cistercians in the Middle Ages,* Woodbridge, The Boydell Press.

Deterd Oude Weme, M.G.A., 2015. *Landschapsgenese van het Gorechter Hunzedal: reconstructie en ontwikkeling van het Esser corpus- en provincieland (1215-1766).* Groningen (unpublished rMa thesis).

Flikkema, B., 2013 (2011). *Tot een'ge arbeid ongeschikt? De bewoners van het cisterciënzer vrouwenklooster Yesse* (Esser miniatuurtje 1). Haren, Haren Historische Reeks.

Flikkema, B., 2016. *Klooster Yesse. Capita Selecta uit een ver en minder ver verleden* (Esser miniatuurtje 7). Haren, Haren Historische Reeks.

Groenendijk, H. & H. Woldring, 2012. Yesse's voorganger. Oud akkerland onder kloosterterrein in Essen (Haren, Gr.). *Paleo-aktueel 23*, 65-72.

Hof, J.C., van 't, 2002. Tuintje draaien. Over historische kloostertuinen. *Monumenten 9*, 16-21.

Hoof, B.I. van, 2012. *Plangebied klooster Yesse te Essen, Gemeente Haren. Archeologisch vooronderzoek: een proefsleuvenonderzoek* (RAAP-RAPPORT 2475). Drachten, RAAP Archeologisch Adviesbureau.

Jonkman, H., 2016. *Klooster Yesse. Essen Groningen* (Medusa rapport 2016-P-600R1). Groningen, Medusa.

Kooistra, L., 2012. *Een gracht en een greppel van het laatmiddeleeuwse klooster Yesse te Essen (gemeente Haren) onderzocht op ecologische resten* (Biaxiaal 590). Zaandam, BIAX.

Ligtenberg, C., 1908. *Armenzorg te Leiden tot het einde van de zestiende eeuw*. 's-Gravenhave, Nijhoff.

Loer, J. & H.J. Kooi, 2008. *Kloosterland / Land der Klöster*. Assen, Boekvorm.

Moolenbroek, J.J. van, 2006. Een monastiek eetregime in de twaalfde en dertiende eeuw. De voorschriften van de cisterciënzer orde en de exempels van Conradus van Eberbach en Caesarius van Heisterbach. In: S. Corbellini, K. Goudriaan, J.A. Mol & A Tervoort (eds), *Wonderen voor alledag: elf opstellen over godsdienst en samenleving in de Middeleeuwen door Jaap van Moolenbroek*. Hilversum, Verloren, 175-194.

Moolcnbroek, J.J. van, J.A. Mol & J. Loer, 2010. *De abtenkroniek van Aduard. Editie, vertaling en studies*. Hilversum, Verloren.

Moor, G., de, 1994. *Verborgen en geborgen: Het cisterciënzerinnenklooster Leeuwenhorst in de Noordwijkse regio (1261-1574)*. Hilversum, Verloren.

Muusers, C., 2011. Eten en drinken in de Middeleeuwen. In: M. Hillenga & H. Kroeze (red.), *de Middeleeuwse kloostergeschiedenis van de Nederlanden deel II, Het dagelijks leven*. Zwolle, Warner Books, 58-79.

Oldenburger, C., 2011. *Middeleeuwse kloostertuinen in de Lage Landen*. In: M. Hillenga & H. Kroeze (red.), *de Middeleeuwse kloostergeschiedenis van de Nederlanden deel II, Het dagelijks leven*. Zwolle, Warner Books, 81-102.

Praamstra, H. & J.W. Boersma, 1977. Die archäologischen Untersuchungen der Zisterzienserabteien Clarus Campus (Klaarkamp) bei Rinsumageest (Fr.) und St. Bernardus in Aduard (Gr.). *Palaeohistoria XIX*, 173-259.

Rijn, M. van, & S. Corbellini. *De transcriptie van geschenken en recepten uit het pitantieboek van Klooster Mariënpoel te Leiden (ca. 1540-1554)*. Artikel in voorbereiding.

Sanders, J.G.M., 1990. *Waterland als woestijn. Geschiedenis van het Kartuizerklooster 'Het Hollandse Huis' bij Geertruidenberg 1336-1595*. Hilversum, Verloren.

Aardewerk van klooster Yesse: sober of chic?

Fardau Mulder[1]

Op de huidige grens van de gemeente Haren en Groningen heeft tussen ongeveer 1215 en 1594 een vrouwenklooster gestaan dat tot de cisterciënzerorde behoorde: klooster Yesse. Behalve de sporen van de oude kloostergracht is er boven de grond niets meer van de middeleeuwse bebouwing te zien. Tot voor kort was het klooster alleen bekend uit historische bronnen en van sporadische archeologische vondsten die in de omgeving zijn gedaan door de huidige bewoners. Door middel van een proefsleuvenonderzoek in 2010 is de aanwezigheid van middeleeuwse gebouwen bevestigd door funderingssporen. Op basis van de uitkomsten van dat onderzoek, in combinatie met geofysisch onderzoek dat in 2016 werd uitgevoerd, kon een reconstructie gemaakt worden van de vermoedelijke locatie en oriëntatie van de kloosterbebouwing. In mei 2017 is gestart met een meerjarig opgravingsproject door het GIA in het kader van de eerstejaars leeropgravingen.

Door deze groeiende aandacht voor Yesse neemt onze kennis over de invulling van het terrein en het dagelijks leven in het klooster gestaag toe. Een populair onderwerp hierbij is in hoeverre de nonnen zich hielden aan de regels die voor het monastieke leven golden. Zij dienden te leven volgens de Regel van Benedictus, waarvoor zij bij intreding een gelofte aflegden. Een belangrijk onderdeel hiervan was dat het kloosterleven sober moest zijn: uitingen van (persoonlijke) rijkdom waren hierbij uit den boze. Noodzakelijke wereldse bezigheden, zoals slapen en eten, waren enkel bedoeld om het lichaam te onderhouden en niet om fysiek genot te geven (Burton & Kerr 2011: 110). Vondsten die in verband worden gebracht met economische (en dus wereldse) bezigheden en uiterlijk vertoon leiden vaak tot de conclusie dat de bewoonsters van Yesse het niet zo nauw namen met hun gelofte. Hierbij valt bijvoorbeeld te denken aan munten, muntgewichtjes en gekleurd vensterglas. Ook dierlijk slachtafval wordt soms gezien als een teken van verval van het kloosterideaal, omdat vlees eten volgens de Regel verboden was.

Hoewel dit uiteraard een interessante en spannende conclusie is, moeten we ons afvragen in hoeverre dit juist is. In dit artikel zal ik ingaan op de naleving van het soberheidsideaal in klooster Yesse aan de hand van onderzoek naar het aardewerk. Ik zal enerzijds bespreken hoe, en of, een hedendaagse onderzoeker kan bepalen of iets wel of niet sober is. Daarnaast zal ik bespreken in hoeverre het aardewerk van Yesse, waarvan we grotendeels geen specifieke archeologische context kennen, gebruikt kan worden om meer te weten te komen over de bewoonsters. Vanwege de in veel gevallen problematische datering door het ontbreken van een duidelijke context, is het aardewerk voor dit onderzoek verdeeld in twee periodes, nl. de eerste twee eeuwen van het klooster (1200-1400) en de laatste twee (1400-1594).

De cisterciënzer orde

De cisterciënzerorde werd in de 11de eeuw opgericht door Robert van Molesme, een Franse monnik die zich afzette tegen de groeiende weelderigheid en decadentie van de kloosters uit zijn tijd. Met de nieuwe orde streefde Molesme naar een kloosterleven dat geheel in het teken stond van God, wat volgens hem bereikt kon worden door een leven dat gedomineerd werd door soberheid en eenvoud. Het eerste cisterciënzerklooster werd gesticht in 1098 in Cîteaux en een halve eeuw later was de orde geïntegreerd in de hele christelijke wereld met kloosters door heel Europa (Burton & Kerr 2011: 1). Hoewel in eerste instantie alleen mannenkloosters gesticht werden, werd in 1213 besloten dat ook cisterciënzer vrouwenkloosters toegestaan waren. In 1228 werd dit besluit weer ingetrokken vanwege de opkomst van een overweldigende hoeveelheid vrouwenkloosters, waaronder klooster Yesse in 1215. Nederland telde in de Middeleeuwen veertien cisterciënzer mannenkloosters en eenentwintig vrouwenkloosters. In Groningen stad en ommeland hebben zeven cisterciënzerkloosters gestaan.

Gekant tegen het verval van het kloosterleven, wilden de cisterciënzers terug naar de Regel van Benedictus in de oorspronkelijke vorm. Ze wilden de Regel precies naleven zoals hij ooit opgeschreven was. Om daarvoor te zorgen, werden er visitaties gehouden, meestal door een pater van het moederklooster. Ook voor Yesse waren dergelijke 'toezichthouders' aangesteld, eerst in het Duitse klooster Heisterbach en later in het klooster van Aduard (Bos 2014: 11).

Soberheid was een van de belangrijkste aspecten van het kloosterleven, zowel in het handelen van de kloosterlingen als in de materialiteit van het klooster. Zo konden de bewoners van het klooster hun leven leiden met zo weinig mogelijk profane afleidingen. De uiterste vorm hiervan was het clausuur, het woongedeelte van de nonnen en monniken waar niemand anders mocht komen, wat hen van de seculiere wereld isoleerde. Men moest, uitzonderingen daargelaten, altijd stil zijn; nutteloos geklets en grappen waren uit den boze. Wat betreft materialiteit was persoonlijk bezit verboden en de inboedel van het klooster moest slechts zijn primaire functie dienen zonder onnodige opsmuk. Dit gold voor de kleding – simpel en kleurloos – en ook voor de architectuur en inrichting van de kloostergebouwen – zonder decoratie, kleur en figuratieve afbeeldingen.

Over het aardewerk van het klooster zijn geen specifieke regels, maar aangezien soberheid centraal stond in alle aspecten van het kloosterleven, heb ik in mijn onderzoek aangenomen dat dit ook in alledaagse objecten het geval was. Dat zou betekenen dat het aardewerk dus functioneel moest zijn en geen schijn van rijkdom of aanzien diende te vertonen. Afgaande op de regels over architectuur en kleding is het daarom aannemelijk dat aardewerk kleurloos en zonder decoratie moest zijn om binnen de regels van de orde te passen.

Ideaal versus realiteit?

Anders dan de Regel van de orde misschien doet vermoeden, hadden veel cisterciënzerkloosters een groot netwerk, waren zij betrokken in winstgevende economische activiteiten en oefenden zij veel invloed uit in hun omgeving door hun machtige positie en rijkdom. Ook in Groningen hadden abten en abdissen (respectievelijk de mannelijke of vrouwelijke overste van een klooster) een aanzienlijke machtspositie in de regionale politiek. De Groningse kloosters worden zelfs deels verantwoordelijk gesteld voor de economische bloei in Stad en Ommeland in de 13de en 14de eeuw (Lier 2011: 11, 22). Ook Yesse staat bekend als een rijk klooster met veel grondbezit. Al in 1245, kort na de stichting, kon het convent een groot geldbedrag neertellen voor het kopen van een erf. In 1595, kort nadat het klooster buiten gebruik was geraakt, werd het complete grondbezit van Yesse vastgesteld op 3.173 hectare (Deter Oude Weme 2015: 186, 197).

De rijkdom van de cisterciënzerkloosters was onder andere waarneembaar in het glas in lood in bonte kleuren dat de ramen sierde. Daarnaast zijn er gedecoreerde vloertegels die 'typisch cisterciënzers' genoemd worden. Manuscripten die door cisterciënzers werden gekopieerd konden uitzonderlijke miniaturen in meerdere kleuren bevatten, soms aangezet met goud. Hoewel niet veel bekend is van het kloostergebouw van Yesse, zijn een vloertegel met gestempeld reliëf en een sierlijk kapiteel aangetroffen (Bos 2014: 27, 33). Tijdens de opgraving in 2017 en 2018 zijn bovendien

Aardewerk van klooster Yesse: sober of chic?

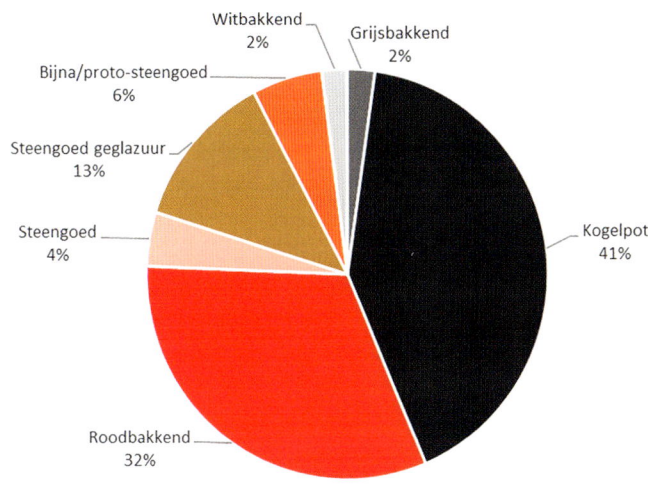

Fig. 1. Relatieve verdeling van de meest voorkomende bakselsoorten binnen het onderzochte aardewerk.

fragmenten van gekleurd vensterglas en glas-in-lood-strips gevonden.

Het historisch debat over de cisterciënzers is lang gedomineerd door de ogenschijnlijke tegenstelling tussen hoe het kloosterleven volgens de regels zou moeten zijn en hoe het in werkelijkheid was: een strijd tussen ideaal (de Regel) en realiteit (het kloosterleven in de praktijk). Recentelijk is deze visie ter discussie gesteld door onder andere Bruun & Jamroziak (2012) en Burton & Kerr (2011). Zij beweren dat de wereldse positie van kloosters niet in strijd was met het cisterciënzersideaal, maar er juist inherent aan was (Bruun & Jamroziak 2012: 3–4; Burton & Kerr 2011: 187). De cisterciënzers deden uitgebreid verslag van hun economische activiteiten, contacten en inkomsten. Dit was duidelijk geenszins reden voor gêne of geheimen. Blijkbaar betekende dit voor hen geen verval van hun spiritualiteit, maar iets wat daarnaast kon bestaan. Inkomsten waren bovendien essentieel voor het bestaan van een klooster. De sterke economische positie zou zelfs als een reden voor het grote succes van de cisterciënzerorde gezien kunnen worden. Om die economische positie te verkrijgen en vervolgens te behouden, was het voor abten en abdissen noodzakelijk om contacten te hebben met hun – seculiere – omgeving. Daarnaast moet niet worden onderschat hoe belangrijk het christendom was in de middeleeuwse samenleving. Kloosters ontvingen giften omdat men daar zielenheil voor terugverwachtte. Dat waren geen corrupte, maar eerlijke en wederkerige transacties. Het bieden van spirituele verrijking aan leken buiten het klooster en het verspreiden van de goddelijke boodschap, waarvoor inmenging met de wereld onvermijdelijk was, was voor cisterciënzers een belangrijk deel van het kloosterleven (Burton & Kerr 2011: 189).

Het is hierbij ook belangrijk om op te merken dat de kloosterregels en de opvatting over soberheid en wat dat precies inhield, zeker niet onbuigzaam waren. Zo mochten uitzonderingen gemaakt worden voor novicen ('leerling-nonnen' die nog in hun proeftijd zaten) die nog niet aan het kloosterleven gewend waren, of voor oude en zieke broeders en zusters. Zij kregen dan bijvoorbeeld meer rust of voedzamer eten. Bovendien waren de juiste interpretatie van de Regel en de vraag of en in hoeverre een geestelijke daarvan mocht afwijken tijdens de Middeleeuwen al kwesties waarover werd nagedacht en gediscussieerd (Burton & Kerr 2011: 110). Een punt van onduidelijkheid was bijvoorbeeld de positie van de abt en de abdis. Volgens de Regel diende de kloosteroverste altijd te worden gehoorzaamd, maar wat als de abt iets opdroeg wat in tegenspraak was met een ander deel van de Regel?

Het 'meten' van soberheid en beoordelen of iets wel of niet sober was, is dus problematischer dan in de eerste instantie misschien verwacht zou worden op basis van de regels van de cisterciënzers. Hoe kunnen we als moderne wetenschappers oordelen over hoe 'goed' het kloosterideaal in de Middeleeuwen werd nageleefd, als dit ideaal destijds al meerzijdig en per persoon verschillend was? Dit betekent niet dat het oninteressant is om naar de inboedel – in dit geval het aardewerk – van een klooster te kijken in het kader van het soberheidsideaal. Het betekent slechts dat bij de

Fig. 2. Links: Fragment van een prestigieus groengeglazuurd bord, vermoedelijk uit Keulen. Rechts: Fragment van het bord met gotische letters. Datering eind of post-kloosterperiode.

interpretatie van het materiaal de context waarin het gevonden wordt in ogenschouw moeten worden genomen. Als de kloosterlingen vonden dat hun aardewerk binnen de kloosterregels paste, wat zegt dat dan over hun perceptie van het soberheidsideaal?

Aardewerk van Yesse, 1215-1400

Het onderzochte aardewerk is afkomstig uit zowel de verzameling materiaal van de huidige bewoners van het terrein als uit de opgraving van 2017. Het kloosterterrein is na de opheffing van het klooster in 1594 waarschijnlijk constant in gebruik geweest. Daarnaast zijn er steeds meer aanwijzingen dat er in de Vroege Middeleeuwen, wellicht zelfs eerder, al sprake was van bewoning op het terrein. Het aardewerkspectrum beslaat dan ook een veel langere periode dan de kloostertijd alleen. In dit artikel zal ik mij richten op het aardewerk dat gedateerd is in de kloosterperiode (1215-1594). Daarvoor zijn 1.339 scherven met een totaalgewicht van ca. 31 kg macroscopisch onderzocht. Het onderzochte aardewerk lijkt een goede afspiegeling te zijn van de kloosterinboedel (fig. 1). Het materiaal lijkt bovendien vrij evenredig verdeeld over de eerste en laatste twee eeuwen van de bestaansperiode.

Het grootste gedeelte van het onderzochte aardewerk bestaat uit gebruiksgoed, nl. het kogelpotaardewerk en het roodbakkend aardewerk. Dit wordt zowel in arme nederzettingen, als in rijke steenhuiscontexten gevonden. Zeker in de eerste twee eeuwen van het klooster lijkt het aardewerk gedomineerd door eenvoudige vormen, zonder uitingen van rijkdom. Luxe importaardewerk, daterend uit de 13de en 14de eeuw, dat wel is aangetroffen tijdens opgravingen van het rijke Calmershuis te Groningen, wordt slechts sporadisch gevonden in het materiaal van Yesse. De enige aanwijzing die we hebben voor luxe aardewerk in de beginfase van het klooster is een klein stukje Vlaams hoogversierd, gedateerd tussen ca. 1200-1350. Bij deze vorm van roodbakkend aardewerk had het aangebrachte loodglazuur niet alleen een praktische maar ook een decoratieve functie, die moest zorgen voor een luxueus uiterlijk van het object. Ter vergelijking: in het Calmershuis kwam dit aardewerk voor in ruim zestig vondstnummers (Mennens-van Zeist 1992: 270).

Hoewel bekend is dat klooster Yesse in de eerste decennia van haar bestaan al erg rijk was, investeerde men blijkbaar niet in aardewerk dat de vooraanstaande huishoudens in Groningen in hun bezit hadden. Wat mogelijk wel pleit voor het bestaan van enige rijkdom in de eerste periode, is de aanwezigheid van proto- en bijna steengoed en een ruime hoeveelheid echt steengoed. In de beginjaren van de steengoedproductie was het nl. nog een duur product, dat het klooster blijkbaar kon en wilde betalen (Mennens-van Zeist 1992: 279) Daarbij moet opgemerkt worden dat steengoed in eerste instantie gezien kan worden als functioneel, omdat de grote dichtheid van het baksel het geschikt maakte voor vloeistoffen. Steengoed is daardoor niet per definitie luxe. Ook zijn er uit de periode 1200-1400 nauwelijks versierde vormen aanwezig. Al met al lijkt het aardewerk uit deze periode goed aan te sluiten bij de Regel van de cisterciënzers: functioneel en zonder opsmuk of overbodige uiting van luxe.

Aardewerk van Yesse, 1400-1594

Vanaf circa 1400 lijkt er een verandering zichtbaar in het bestudeerde materiaal. Hoewel roodbakkend gebruiksgoed nog veelvuldig voorkomt, zijn er ook vormen die wat meer naar 'chic' aardewerk neigen. Zo is er een ruime hoeveelheid steengoed met glazuur aanwezig. Omdat oppervlaktebehandeling bij steengoed geen functie had zoals bij roodbakkend aardewerk, moet dit als decoratief gezien worden. Al het gedecoreerde roodbakkende aardewerk komt ook uit de periode 1400-1594, voornamelijk uit de 16de eeuw. Het gaat vooral om borden: objecten die veelal gebruikt werden om het eten in op te dienen. Dit gedecoreerde aardewerk had de functie om 'gepresenteerd' te worden aan de nonnen of wellicht aan bijzondere gasten. De roodbakkende borden hoeven waarschijnlijk niet gezien te worden als dure producten – ze werden bijv. ook aangetroffen in het arme klooster Bethlehem (Schrickx 2015: 237, 275). Ondanks dat de borden misschien niet duur waren, maakte de decoratie ze niet meer puur functioneel waardoor gesteld kan worden dat ze niet binnen het kloosterideaal pasten. Een fragment van een 16de-eeuws witbakkend bord met loodglazuur uit Keulen staat wel bekend als een luxeproduct dat bedoeld was om prestige uit te stralen (fig. 2; Bartels 1999: 153). Een scherf van een gedecoreerd majolicabord wijst ook op luxe en decoratie, maar de datering hiervan (1575-1625) in combinatie met het ontbreken van een duidelijke archeologische context maakt de associatie met het kloosterleven problematisch. Opvallend was ook een bord met geelgroen loodglazuur, waarbij op de vlag gotische letters stonden (fig. 2).

In de laatste twee eeuwen van Yesse lijkt er een verandering te zijn in het aardewerk, waarbij vooral decoratie en – in mindere mate – luxegoederen een grotere rol gaan spelen. De vondst van een voetfragment van een 16de-eeuwse glazen noppenbeker (tamelijk luxe servies) bij de opgraving van 2017, sluit aan bij deze hypothese. Echter, in vergelijking met bijv. het aardewerk uit vrouwenklooster Mariënhorst-Ter Hunnepe bij Deventer (13de tot 16de eeuw) is de mate van luxe in het aardewerk van Yesse beperkt. In Mariënhorst-Ter Hunnepe zijn vele vormen met appliques aangetroffen: op steengoedvormen ter decoratie aangebrachte klei. Sommigen daarvan waren vrij simpel, met kleine medaillons op de rand, maar anderen waren veel uitbundiger gedecoreerd zoals een 16de-eeuwse steengoed *Schnelle* (beker) waarop de roeping van Mattheus staat afgebeeld (Nijhof 1998: 103–106). Steengoed dat zo uitbundig versierd was vinden we in Yesse niet terug. Zelfs subtiele randstempels op het steengoed zijn in Yesse nauwelijks aangetroffen.

Nonnen of leken

Het terrein van een Middeleeuws klooster werd niet alleen bewoond door nonnen of monniken, maar ook door lekenbroeders of lekenzusters. Zij woonden in het klooster om de kloosterlingen bij te staan in het (voornamelijk fysieke) werk. Leken legden geen gelofte af, dus voor hen golden andere, minder strenge regels (Bos 2014: 23).

Vanwege het ontbreken van een duidelijke archeologische context voor het grootste deel van het vondstmateriaal, is het moeilijk om vast te stellen aan wie het aardewerk toebehoorde: de nonnen of de leken. Toch lijkt het mij een aannemelijke hypothese dat het luxe materiaal wel aan de nonnen toebehoorde, of collectief aan het klooster. De leken waren namelijk vaak arme, ongeletterde lieden (Lier 2011: 18). Het is daarom onwaarschijnlijk dat lekenbroeders en -zusters in het bezit waren van luxegoederen zoals het bordje van witbakkend aardewerk uit Keulen of het bord dat versierd was met de gotische letters.

99

Kortom, het is niet zeker of het servies uit dit onderzoek louter bestaat uit aardewerk dat door de nonnen in gebruik is geweest. Meer en gedetailleerder onderzoek is nodig om een uitspraak te kunnen doen over de verspreiding van het materiaal over het terrein om zodoende te kunnen oordelen of de vindplaats van het materiaal correspondeert met de oorspronkelijke indeling van het kloosterterrein. Echter, als we ervan uitgaan dat het luxere aardewerk wel aan de nonnen toebehoorde, is het alsnog een interessant gegeven dat dergelijk luxe aardewerk uit de eerste periode geheel lijkt te ontbreken en in de laatste eeuw wel voorkomt, zij het in geringe mate.

Sober en chic?

De huidige visie op soberheid binnen de cisterciënzerorde is dat deze niet zomaar kan worden 'gemeten' aan de hand van de mate van luxe, rijkdom en uiterlijk vertoon. Dat is ook het geval voor dit onderzoek. Het idee dat het kloosterideaal onveranderd is gebleven in de vier eeuwen dat het klooster van Yesse heeft bestaan, is onrealistisch. De opkomst van luxe aardewerk hoeft niet per definitie gezien te worden als een aanwijzing voor het verval van het kloosterideaal. We moeten ernaar streven de verandering van het aardewerk in de historische context te verklaren en onszelf afvragen: wat is er veranderd dat het 'luxe' aardewerk in de 15de en 16de eeuw wel geschikt werd geacht voor het kloosterleven? Dit kan mogelijk te maken kunnen hebben met het feit dat in de 16de eeuw de belangstelling voor het kloosterleven sterk was afgenomen in Groningen Stad en Ommeland, waardoor kloosters genoodzaakt waren de levenswijze van nonnen aangenamer te maken, om het bestaan van het klooster überhaupt te kunnen doorzetten (Brood 2011: 37). Toen het kloosterleven onder druk kwam te staan, was het wellicht ook belangrijker om relaties met gegoede personen in de regio in stand te houden, waardoor men bereid was prestigieuze giften aan te nemen of de gasten sierlijk aardewerk voor te zetten. Het soberheidsideaal moest aangepast worden aan de tijdsgeest. Dat er geen zeer uitbundig versierd steengoed is aangetroffen en het feit dat gewoon gebruiksgoed nog steeds dominant was, zijn aanwijzingen dat er nog wel richtlijnen bestonden voor wat geoorloofd was en wat niet.

De aanwijzingen in dit onderzoek voor een dergelijke trend zijn echter gering. Om een uitspraak te kunnen doen over de rol van het soberheidsideaal in het klooster van Yesse zou niet alleen naar het aardewerk maar ook naar andere aspecten van het kloosterleven gekeken moeten worden. Zaken zoals de architectuur van het klooster, de begravingen van de nonnen en de aanwezige metaalvondsten schetsen wellicht een heel ander beeld. De volledige context moet daarom in acht worden genomen om harde uitspraken te kunnen doen over de invulling van het soberheidsideaal door de nonnen in klooster Yesse. Dit onderzoek naar het aardewerk is een eerste stap in die richting; een klein stukje van de puzzel van het verhaal van klooster Yesse.

Pottery from the Yesse convent: sober or chic?

Between 1215 and 1594, a Cistercian convent for women was situated on the current boundary between Haren and Groningen. In recent years, new research (including excavations by the GIA) has increased our knowledge about the monastic buildings as well as daily life at the convent. An important point of interest in this research is to what extent the nuns of Yesse followed the rules regarding the sobriety of monastic life. In this article I discuss the pottery found at Yesse and what it can tell us about the ideas regarding sobriety at the convent. I argue that the (slightly) increasing amount of luxurious and decorated pottery that is found in the final period might be linked to the problems that affected conventual life because of the decreasing popularity of monasticism in the region, and not necessarily to the nuns' ignorance of the sobriety ideal.

Noten

1. Groninger Instituut voor Archeologie, Poststraat 6, 9712 ER Groningen, fardaumulder93@gmail.com.

Literatuur

Bartels, M., 1999. *Steden in scherven: vondsten uit beerputten in Deventer, Dordrecht, Nijmegen en Tiel (1250-1900)*. Zwolle, Stichting Promotie Archeologie (SPA).

Bos, A., 2014. *Yesse door de eeuwen heen*. Harener Historische Reeks 20, Haren, Uitgeverij Boomker Haren/ Uitgeverij Knoop Haren.

Brood, P., 2011. De Reductie. In: M. Hillenga & H. Kroeze (red.), *Kloosters in Groningen: de middeleeuwse kloostergeschiedenis van de Nederlanden deel III*. Zwolle, WBOOKS, 30–49.

Bruun, M., & E. Jamroziak, 2012. Introduction. In: M. Bruun (red.), *The Cambridge Companion to the Cistercian Order* (Cambridge Companions to Religion). Cambridge, Cambridge University Press, 1–22.

Burton, J. & J. Kerr, 2011. *The Cistercians in the Middle Ages*. Woodbridge, the Boydell Press.

Deterd Oude Weme, M.G.A., 2015. *Landschapsgenese van het Gorechter Hunzedal. Reconstructie en ontwikkeling van het Esser corpus- en provincieland (1215-1766)*. Masterscriptie RUG.

Lier, S. van, 2011. Kloosters in Groningen. In: M. Hillenga & H. Kroeze (red.), *Kloosters in Groningen: de middeleeuwse kloostergeschiedenis van de Nederlanden deel III*. Zwolle, WBOOKS, 10–29.

Mennens-van Zeist, A., 1992. Laat-middeleeuws importkeramiek. In: P.H. Broekhuizen, H. van Gangelen, K. Helfrich, G.L.G.A. Kortekaas, R.H. Alma & H.T. Waterbolk (red.), *Van boerenerf tot bibliotheek: historisch, bouwhistorisch en archeologisch onderzoek van het voormalig Wolters-Noordhoff-Complex te Groningen*. Groningen, Stichting Monument & Materiaal, 263–292.

Nijhof, E., 1998. Keramiek. In: N. Herweijer, H. Lubberding & J. de Vries (red.), *Zusters tussen 2 beken: graven naar klooster Ter Hunnepe* (AWN-reeks nr. 1). Archeologische Werkgemeenschap voor Nederland (AWN), 100–112.

Schrickx, C., 2015. *Bethlehem in de Bangert: een historische en archeologische studie naar de ontwikkeling van een vrouwenklooster onder de orde van het heilige kruis in het buitengebied van Hoorn*. Hilversum, uitgeverij Verloren.

Aan tafel in het Oude Mannenhuis te Delft

Merit Hondelink[1]

In 2005 werd een perceel aan de Voldersgracht 21 te Delft opgegraven (fig. 1). Op het perceel, waar in de Middeleeuwen volders of vollers (lakenbereiders) actief waren, werd in 1411 een tehuis voor oude mannen gesticht. Gedurende bijna 400 jaar namen oudere mannen hun intrek in dit Oude Mannenhuis. De capaciteit van het Huis varieerde door de eeuwen heen, al nam deze vanaf 1580 langzaamaan af. Door de Alteratie (1568) verloor het Oude Mannenhuis grotendeels zijn (katholieke) signatuur. De kapel werd een verkoophal voor wollen stoffen en in 1661 een gildehuis, toen het St. Lucasgilde het gebouw betrok. Nadat het gilde in 1833 werd ontbonden, werd het gildehuis omstreeks 1860 afgebroken voor de bouw van een school. Het achterliggende hofje, dat al die tijd bij het Oude Mannenhuis had gehoord, kreeg vanaf 1792 een nieuwe bestemming (Van der Wiel 2000). Daarmee kwam definitief een einde aan het gebruik van het perceel aan de Voldersgracht voor oude mannen.

Alle bewoningsfasen hebben hun sporen nagelaten in de bodem. Toen die bij archeologisch onderzoek aan het licht kwamen, werden ze onderverdeeld in drie perioden: 1225-1375, 1410-1792 en 1792-heden. Bij de uitwerking van het onderzoek zijn de aangetroffen structuren en diverse materiaalcategorieën beschreven (Bekkers 2012). Het archeobotanisch materiaal uit de beerputten is gewaardeerd, maar een uitwerking en beschrijving zijn niet opgenomen in de rapportage. De inhoud van de opgegraven beerputten uit de tweede bewoningsfase wordt nu alsnog onderzocht, in het kader van mijn promotieonderzoek naar veranderingen in de voedselconsumptie van vroegmoderne Delftenaren. De nadruk van dit artikel ligt op de tweede periode (1410-1792), waarbij uitsluitend is gekeken naar het materiaal dat kan worden toegeschreven aan het Oude Mannenhuis. Het door de historische bronnen geschetste beeld, dat het dieet van de bewoners eentonig was, wordt getoetst aan de hand van het archeobotanische materiaal. Zo wordt een extra dimensie gegeven aan het leven in het Oude Mannenhuis in het algemeen en hun voedselconsumptie in het bijzonder.

Historie van het plangebied

In 1411 werd er een Oude Mannenhuis aan de Voldersgracht gevestigd voor de opvang van de ouden van dagen die niet meer zelfstandig konden of wilden wonen. Aan de Voldersgracht bevond zich een poort die toegang gaf tot het erachter gelegen Oude Mannenhuis, dat op het terrein tussen de Voldersgracht en de Vlouw lag. Hier stonden woningen die voor de opvang van de bejaarden dienden (fig. 1), vergelijkbaar met de hofjes die in de loop van de 17[de] eeuw in veel steden werden gebouwd. Bij de stadsbrand van 1536 werd een groot gebied rondom de Markt en de Voldersgracht verwoest. Van de kapel van het Oude Mannenhuis waren alleen de stenen muren overeind blijven staan. Het is niet bekend in hoeverre de kleine huisjes erachter moesten worden herbouwd. Hoewel veel gebouwen afbrandden, bleven de eigendomsverhoudingen en daarmee de omvang van de woningen en het stratenplan grotendeels intact. Hierdoor werden veel gebouwen op dezelfde locatie herbouwd. Aangenomen wordt dat het aantal wijzigingen op het terrein van het Oude Mannenhuis daarom beperkt is gebleven. De oude mannen bleven er tot 1792 wonen. In

Fig. 1. Opgravingslocatie Voldersgracht 21 (in rood), geprojecteerd op de Kaart Figuratief (1703). Naar Bekkers 2012, fig.6.

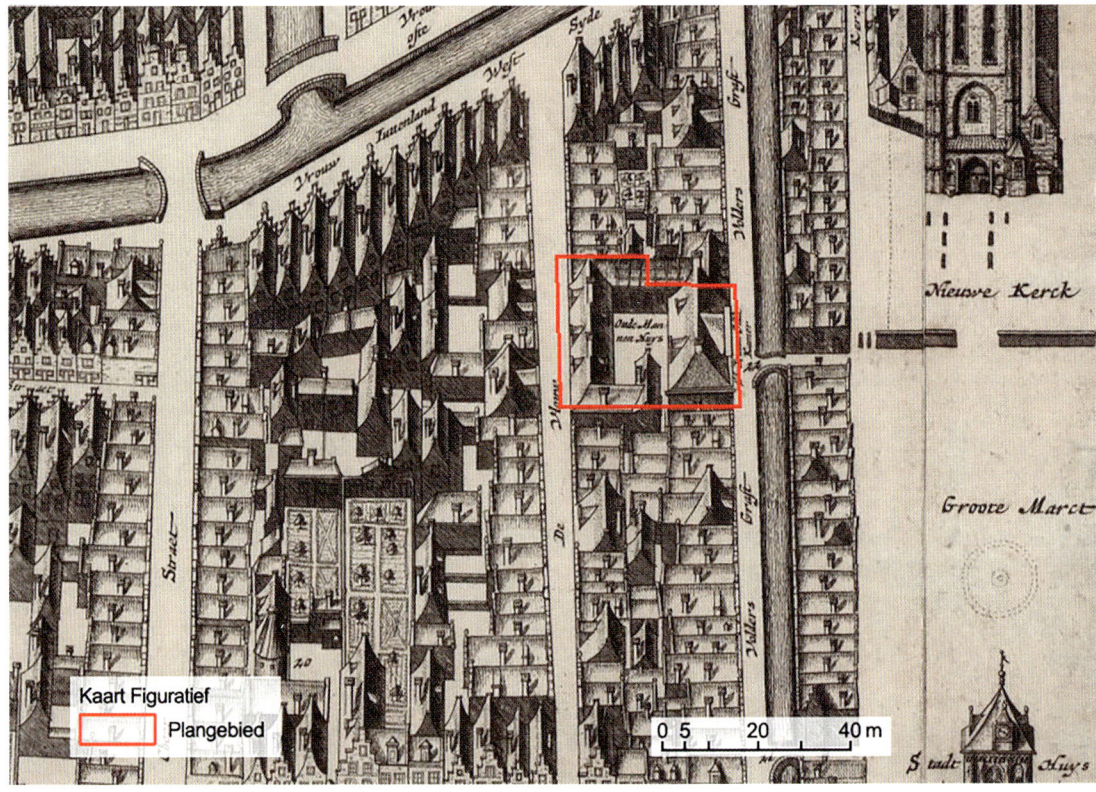

dat jaar werd het Oude Mannenhuis bij het Oude Vrouwenhuis gevoegd en zijn de mannen bij de vrouwen gaan wonen (Nusselder 1979: 73; Van der Wiel 2000: 56-57).

De bewoners van het Oude Mannenhuis

Tijdens de opkomst van georganiseerd onderdak voor ouderen waren er verschillende mogelijkheden om te zorgen voor je oude dag. Welvarende mensen kochten inwonende hulp of trokken in bij niet onbemiddelde familieleden waar ze zich lieten verzorgen. Arme mensen gingen naar gasthuizen of door de kerk bestierde tehuizen. Het Oude Mannehuis was een stadsinstelling, bedoeld om *troost ende hulpe* te bieden aan oude mannen. Het werd echter niet door de lokale belastingbetaler bekostigd. Aan het wonen in het Huis waren strikte regels verbonden. De mannen moesten zich inkopen, waarna ze er hun laatste dagen, weken, maanden of zelfs jaren sleten. Gegadigden moesten 50 jaar of ouder zijn en minimaal vijf jaar als poorter in de stad Delft hebben gewoond. Ook dienden de bewoners bij intrede nog gezond van lijf en leden te zijn: dus niet *beddevast* (bedlegerig) of *cranck van lijve*. De ouderen die in het Huis verbleven, waren arm noch rijk. Behalve de prijs voor het inkopen, dienden de bewoners ook een eigen uitzet mee te nemen of aan te schaffen. Deze uitzet bestond uit onder andere kleding, beddengoed en serviesgoed. Hiermee konden de oude mannen hun eigen optrekje inrichten. Bezat de toekomstige bewoner een eigen huis, dan mocht hij de huurpenningen uit de verhuur daarvan behouden. Na het overlijden vervielen alle eigendommen (geld, grond en onroerend goed) aan het Oude Mannenhuis. Door deze

Tabel 1. Overzicht van de aankopen van het Oude Mannen- en Vrouwenhuis, opgetekend door de rentmeester. Het betreft het jaar mei 1539 – mei 1540. Naar: Van der Wiel 2000, p. 28.

Inkoop	Aantal	Hollandse pond	Schelling	Groten
Door Sijtgen Sasbouts		96	5	4
Ossen	3	115	8	0
Varkens	3	25	18	0
Lammeren	3	3	4	0
Ganzen	18	7	10	0
Zalmen	7	6	14	4
Haringen	2 ton + 200 stuks	13	17	4
Bokkingen	2 ½ stroo = 1250	8	8	0
Kazen	5	2	3	4
Boter	10 kinnetjes	62	7	4
Erwten	1 ½ zak	7	0	0
Tarwe	50 zakken	149	3	0
Bier	Niet vermeld	74	14	4
Turf	1103 ton	92	4	7
Takken	15.515 bos	13	11	10
Totaal:		**676**	**9**	**5**

inkomsten, evenals schenkingen, kon het Oude Mannenhuis in stand worden gehouden.

De dagelijkse maaltijd historisch bezien

Hoe de bewoners hun dag indeelden, is niet bekend. Op basis van de bewaard gebleven huishoudelijke reglementen, opgesteld door het bestuur, is wel bekend dat de bewoners gezamenlijk aten, samen met de 'moeder' en eventuele dienstmeiden. "*Wanneer die mannen ter taeffels sijn geseten ende die benedicie* (zegening van de spijs) *gelesen sal wesen, soe sullen die mannen silentium houden* (stil zijn) *ende geen woerden over taeffel gebruijcken van eenige dingen dan te eijsschen dat zij van noden hebben.*" (Van der Wiel 2000: 9).

Wat de mannen aten, kan worden herleid uit de boekhouding van de rentmeester. Deze boekhouding is de belangrijkste bewaard gebleven historische bron met betrekking tot het dagelijks leven in het Huis. De voedselvoorraden die door de rentmeester werden opgetekend (tabel 1) bestonden onder andere uit graan (tarwe, maar andere soorten zijn niet uitgesloten, zoals zal blijken uit het archeobotanisch onderzoek), grauwe erwten, bier, vis en vlees. Op de Kaart Figuratief (fig. 1) en een kaart van Blaeu (1652, fig. 2) is te zien dat het Oude Mannenhuis geen tuin had waarin groenten, fruit en kruiden konden worden verbouwd. Het is niet uitgesloten dat er op de binnenplaats wat kruiden en groenten groeiden, maar dat zal niet voldoende zijn geweest voor de dagelijkse maaltijd. Het Oude Mannenhuis bezat grond buiten de stad, voornamelijk grasland waar vee op werd geweid. De pachters die het grasland beheerden, brachten af en toe een kinnetje boter of een kaas in, ter aanvulling op de huur die ze dienden te betalen. Met deze ingrediënten kookte de 'moeder' voor de inwoners. Daarnaast had ze een klein budget waarmee ze aanvullende boodschappen deed. Aangezien het kleine en sporadische aankopen betreft, zijn deze niet opgetekend

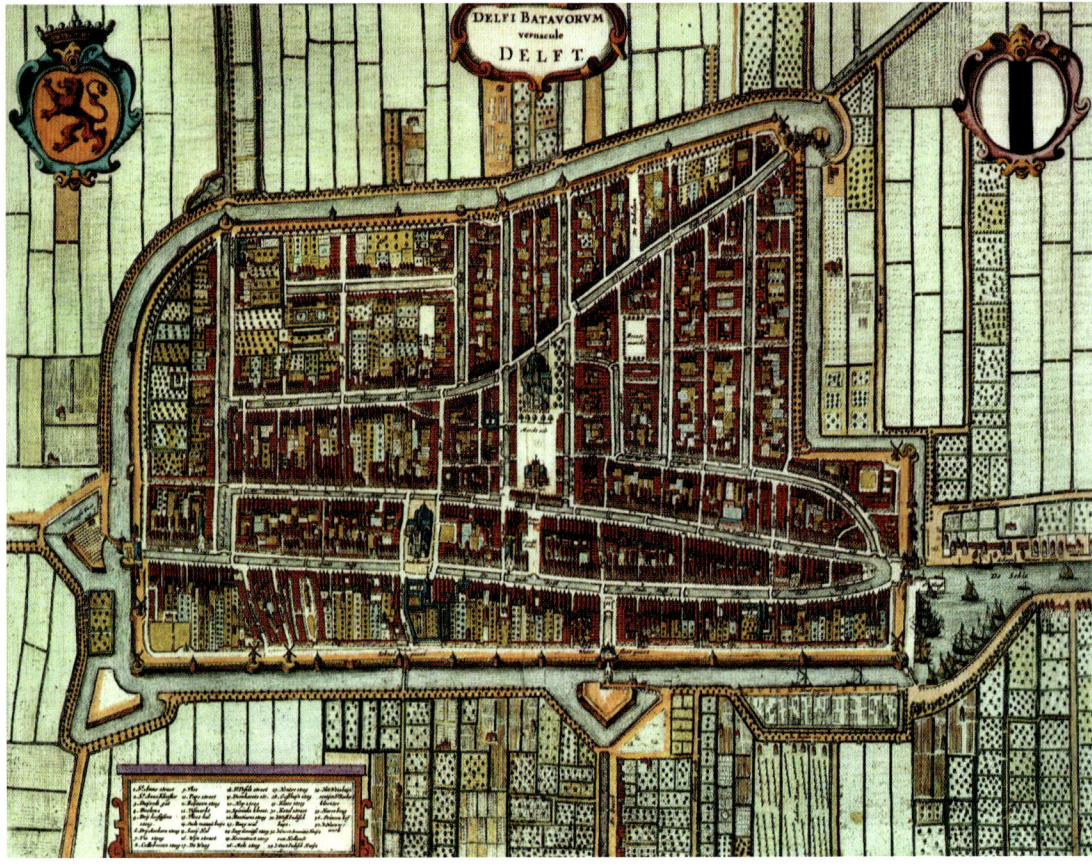

Fig. 2. De plattegrond van Delft (Blaeu 1652). Gemarkeerd in groen zijn (stads)tuinen en boomgaarden. Via: https://nl.wikipedia.org/wiki/Delft.

door de rentmeester. Verder is het niet ondenkbaar dat de bewoners zelf ook een kleine toelage hadden, bedongen bij hun inkoop of verkregen uit de verhuur van hun huis. Wat zij daarvan kochten is ook niet bekend.

Op basis van de overgeleverde historische bronnen van het Oude Mannenhuis lijkt het dieet van de bewoners vrij eentonig te zijn geweest. Dat is opvallend, omdat we op basis van andere (kunst)historische bronnen weten dat er gedurende deze periode meer te verkrijgen was. Waar zijn de groenten, het fruit, de kruiden en specerijen die zo vaak voorkomen op schilderijen, in kookboeken en herbaria? Ik ga er dan ook vanuit dat de bewoners meer te eten kregen dan "*warmoes* (een verzamelnaam voor groenten) *of erweten en speck ofte vleijs als 't daer is.*" (Van der Wiel 2000: 10) Het archeobotanisch onderzoek toont aan welke variatie aan plantensoorten de bewoners van het Oude Mannenhuis nog meer voor de kiezen kregen.

Archeobotanisch macrorestenonderzoek

Materiaal en methode
Voor het onderzoek zijn negen monsters uitgezocht, daterend tussen 1400 en 1700 (tabel 2). Van elk monster is 1 liter materiaal geweekt alvorens het te spoelen over een zeeftoren met maaswijdtes van respectievelijk vijf, twee, een, 0,5 en 0,25 mm. Ook is van ieder monster een pollenmonster genomen voor eventueel toekomstig

Tabel 2. Overzicht van de onderzochte beerputten van het Oude Mannenhuis aan de Voldersgracht 21 te Delft.

GIA-nr.	Put nr.	Vondst nr.	Spoor nr.	Datering	Monster type	Volume (L)
11268	1	35	45	1450-1525	Beerputmonster	1
11269	1	29	43	1450-1525	Beerputmonster	1
11270	1	45	23	1410-1500	Beerputmonster	1
11271	1	47	23	1410-1500	Beerputmonster	1
11272	1	62	38	1425-1500	Beerputmonster	1
11273	1	5	10	1550-1650	Beerputmonster	1
11274	1	128	138	1600-1700	Beerputmonster	1
11275	1	115	128	1400-1500	Beerputmonster	1
11276	1	114	10	1550-1650	Beerputmonster	1

onderzoek. Het gezeefde materiaal is per zeeffractie in water opgeborgen in luchtdichte potten om zo uitdroging te voorkomen. Vervolgens is het archeobotanisch materiaal uitgezocht, gesorteerd en gedetermineerd met behulp van een opvallend lichtmicroscoop met vergrotingen tot 50x. De drie grootste fracties zijn geheel uitgezocht. Van de 0,5 en de 0,25 mm-fractie is een steekproef genomen, door drie theelepels materiaal te bekijken uit de bovenste, middelste en onderste laag. Vervolgens is het materiaal in de kleinste fracties geroerd en is nogmaals uit elke laag een theelepel bekeken. Indien er nieuwe plantensoorten in beeld kwamen, is dit proces herhaald tot er geen nieuwe soorten meer werden aangetroffen.

Resultaten
Het archeobotanisch macrorestenonderzoek aan de beerputmonsters heeft een grote diversiteit aan soorten opgeleverd. Het betreft 107 verschillende plantensoorten, waarvan 43 bekend zijn als consumptieplant. De overige 64 soorten worden volgens moderne standaarden als niet eetbaar beschouwd en worden geschaard onder de noemer wilde plant (onkruid).[2] De consumptieplanten zijn onder te verdelen in vijf categorieën, namelijk meelvruchten[3], noten, fruit, groenten, kruiden en specerijen (tabel 3). Deze soortenlijst laat zien wat er onder andere in de maaltijd van de 'moeder' en de bewoners kan hebben gezeten.

De dagelijkse maaltijd archeobotanisch bezien

Meelvruchten
Ook in de periode van 1410-1792 aten de mensen voor het ontbijt brood en pap. Voor de bereiding daarvan verwerkten zij niet hun eigen graanoogst, maar kochten zij graan en meel bij de molenaar en brood bij de bakker. Daarom zijn resten van granen (tarwe, rogge, haver, rijst en gierst) en boekweit slechts in kleine hoeveelheden aangetroffen. De resten die wel zijn aangetroffen, zijn vermoedelijk per ongeluk bij de bereiding van een gerecht (brood of pap) met vuur in aanraking gekomen, verkoold en als afval in de beerput gegooid. Vanwege het geringe aantal vondsten kan weinig worden gezegd over een voorkeur voor specifieke graan- en meelsoorten. Door de eeuwen heen lijkt er echter weinig te zijn veranderd in dit consumptiepatroon.

Een vondst die tijdens het onderzoek in het oog sprong, is de relatief grote hoeveelheid kaf van rijst die in vnr. 128 (1600-1700) werd aangetroffen. Rijst is immers een product dat ingevoerd moest worden, omdat het hier niet kan groeien. In middeleeuwse beerputten wordt rijst in kleine hoeveelheden aangetroffen, maar het aantal vondsten neemt toe in de vroegmoderne tijd. Gedurende de Middeleeuwen was rijst, vergeleken met andere meelleveranciers, nog een relatief

Tabel 3. Een overzicht van de aangetroffen consumptieplanten in de beerputten van het Oude Mannenhuis aan de Voldersgracht 21 te Delft, weergegeven per GIA-nummer. Betekenis afkortingen: cf. = confer; indet. = indeterminate. Betekenis aantallen: + + + = > 1000 , + + = 500-1000, + = 100-500. In lichtgeel zijn de soorten aangegeven die wel bij de waardering maar niet bij de uiteindelijke analyse in beeld kwamen.

Wetenschappelijke naam	Nederlandse naam	Plantdeel	GIA-nr. 11268	GIA-nr. 11269	GIA-nr. 11270	GIA-nr. 11271	GIA-nr. 11272	GIA-nr. 11273	GIA-nr. 11274	GIA-nr. 11275	GIA-nr. 11276
Meelvruchten											
Avena sativa	Haver	Vrucht						1		1	1
Cerealia	Graanzemelen (niet determineerbaar)	Vrucht	+	4	8	+ +			+		
Cerealia	Graan (Gerst, Haver, Rogge, Tarwe)	Vrucht		13		41					1
Fagopyrum esculentum	Boekweit	Vrucht	3	+ +		1			4		1
Oryza sativa	Rijst	Kaf			1 cf	1			124	1	1
Panicum milliaceum	Pluimgierst	Vrucht + Kaf	1	2					7		
Panicum milliaceum	Pluimgierst	Kaf	8						+	6	
Secale cereale	Rogge	Vrucht								2	
Triticum sp.	Tarwe	Vrucht						1			
cf. *Triticum aestivum ssp. aestivum*	Broodtarwe	Vrucht								1	
Noten											
Corylus avellana	Hazelaar	Vrucht	1		1					1	5
Juglans regia	Okkernoot	Vrucht			1						1
Fruit											
Ficus carica	Vijg	Vrucht	+ +	9	54	+ +	6	+ +	+ +	+ + +	11
Fragaria moschata/vesca	(Grote) Bosaardbei	Vrucht	19	1	1	2			+		
Malus domestica/Pyrus communis	Appel/Peer	Zaad	12	81	10	66	12	111	46	85	28
Malus domestica/Pyrus communis	Appel/Peer	Klokhuis	32	17		71	12	15		+	
Mespilus germanica	Mispel	Zaad	1	3						2	4
Morus nigra	Zwarte moerbei	Vrucht	23	17	1	8	117	3		48	29
cf. *Physalis alkekengi*	Echte lampionplant	Vrucht			1	31				1	
Prunus sp.	Pruim/Kers	Vrucht	10	13		4		4			
Prunus avium/cerasus	Zoete/Zure kers	Vrucht	59	+	3	62	34	40	1	51	110
Prunus domestica	Pruim	Vrucht	2	4		2	3	3	2		5
Ribes nigrum/rubrum/uva-crispa	Aalbes/Zwarte bes/Kruisbes	Zaad	33	19		13	1	4	+ +	13	3
Ribes nigrum/rubrum/uva-crispa	Aalbes/Zwarte bes/Kruisbes	Vlies	1	2	4	5	1	3	5		1
Ribes nigrum/rubrum/uva-crispa	Aalbes/Zwarte bes/Kruisbes	Bloembodem	9	6		2		1	83	10	
Rubus caesius	Dauwbraam	Vrucht	5		1			3			
Rubus fruticosus	Braam	Vrucht	30	14	1	8	1	5	41	12	1
Rubus ideaus	Framboos	Vrucht	13	1				1	11		
Sambucus nigra	Gewone vlierbes	Vrucht							33		
Vaccinium oxycoccos	Kleine veenbes	Zaad	1	1						1	1
Vitis vinifera	Druif/Krent/Rozijn	Zaad	146	+	7	68	126	53	+	129	130

Tabel 3. Vervolg.

Wetenschappelijke naam	Nederlandse naam	Plantdeel	GIA-nr. 11268	GIA-nr. 11269	GIA-nr. 11270	GIA-nr. 11271	GIA-nr. 11272	GIA-nr. 11273	GIA-nr. 11274	GIA-nr. 11275	GIA-nr. 11276
Groenten											
Cucumis sativus	Komkommer/Augurk	Zaad								3	
Daucus carota	Peen	Vrucht						1			
Humulus lupulus	Hop	Vrucht		1	1	1				1	
Pastinaca sativa ssp. sativa	Pastinaak	Vrucht	1								
cf. *Pisum sativum*	Erwt	Zaad			1	1	2	1			1
Spinacia oleraceae	Spinazie	Vrucht	1								
Kruiden en specerijen											
Aframomum melegueta	Paradijskorrel	Vrucht	3						1	1	
cf. *Anthriscus cerefolium*	Echte kervel	Vrucht							1		
Brassica napus/rapa	Koolzaad/Raapzaad	Zaad		1	2	5	1	1	3	38	
Brassica nigra	Zwarte mosterd	Zaad	31	+	22	40	3	+	47	+ +	
cf. *Carum carvi*	Karwij	Vrucht						1		2	
Coriandrum sativum	Koriander	Vrucht	1	1					1		1
cf. *Cuminum cyminum*	Komijn	Vrucht		3	1	1	1	3	1	3	3
Foeniculum vulgare	Venkel	Vrucht	25	22	1	20		26	8	45	24
Foeniculum vulgare	Venkel	Zaad		17				8			
Linum usitatissimum	Vlas/Lijnzaad	Zaad									1
Papaver somniferum	Slaapbol	Zaad		2	1 cf		1	1		1	1
cf. *Petroselinum crispum*	Peterselie	Vrucht	1								
cf. *Piper nigrum*	Peper	Zaad							4		
Indet.				14	3		6		21	5	
Indet. Vliesjes			+		+ + +			+	+		

prijzig product. Traditioneel werd het uit Spanje en Italië geïmporteerd (van Haaster 2008: 10). De herkomst van rijst uit de Westkust van Afrika is echter ook een mogelijkheid. Deze optie verdient verder onderzoek, aangezien in beerputten ook paradijskorrels worden aangetroffen. Deze soort, die als peper wordt gebruikt, groeit in dezelfde regio als Afrikaanse rijst. In de 17[de] eeuw was er echter nog een land dat rijst exporteerde: Noord-Amerika. Vanuit de Carolinas werden scheepsladingen rijst naar Engeland verscheept en doorverkocht aan het continent.[4] De prijs van rijst daalde hierdoor. Het is niet ondenkbaar dat een toenemende hoeveelheid rijstvondsten in beerputten deze nieuwe aanvoerroute weerspiegelt.

Hoe die rijst werd bereid, weten we op grond van historische bronnen. In middeleeuwse kookboeken staat rijst vermeld als basis-ingrediënt voor het maken van pap of blankmangier (Van Winter 1981: 346). In medische literatuur wordt het voorgeschreven aan jonge kinderen (Blankaart 1684: 120), zieken en ouderen van dagen (Scappi 1570, boek zes).[5] Deze toepassing verandert nauwelijks in vroegmoderne kookboeken, al ligt de nadruk wel meer op de culinaire dan op de medische werking. Misschien werd daarom wel rijst in de vorm van pap of blankmangier geserveerd aan de bewoners van het Oude Mannenhuis, omdat ze het nodig hadden om aan te sterken.

Fig. 3. Joachim Beuckelaer (1569). Titel: *De vier elementen: Aarde: groente- en fruitmarkt met in de achtergrond de vlucht naar Egypte*. In geel de groenten die in de beerputten zijn aangetroffen. In rood de fruitsoorten die in de beerputten zijn aangetroffen. Via: https://rkd.nl/nl/explore/images.

Noten
De enkele fragmenten van hazelnoot en walnoot die zijn aangetroffen, zullen niet representatief zijn voor de consumptie van noten in het algemeen. Nederland importeerde scheepsladingen noten uit het buitenland, bij gebrek aan genoeg aanbod in eigen land (Sangers 1952: 41). In historische kookboeken worden echter zelden noten vermeld, met uitzondering van amandelen. Deze werden bij de apotheker verkocht, zonder schaal en zelfs kant en klaar gemalen tot meel of geperst tot melk. De afwezigheid van noten in vroegmoderne archeologische contexten, is te verklaren doordat noten mogelijk zonder schaal werden aangekocht.[6] Het kan daarnaast niet worden uitgesloten dat notenschalen in de haard werden gegooid en verbrandden.

Fruit
Het merendeel van de aangetroffen plantenresten valt in de categorie fruit. Gezien de inkopen genoteerd door de rentmeester, valt de aanwezigheid van en variatie aan soorten op, al was het wel te verwachten dat de bewoners fruit aten.

Vijg en aardbei domineren, al kan dit worden verklaard door de hoeveelheid pitjes die beide soorten bevatten. Vijgen bevatten meer dan 700 pitjes en aardbeien al snel 200. Hoewel de aantallen pitjes in de beerputten in theorie zouden kunnen verwijzen naar de consumptie van slechts enkele vruchten, wordt aangenomen dat de bewoners regelmatig fruit aten. Deze aanname wordt versterkt door de vondst van grote aantallen zaden en vruchten van fruitsoorten die minder pitjes produceren, zoals appels en peren, druif/rozijn, pruim, kers, braam, framboos en verschillende soorten bessen. De meeste fruitsoorten werden lokaal verbouwd, buiten de stadsmuren. Delft stond in de Late Middeleeuwen bekend om haar *boomgaert ende cooltuynlant*, waardoor de stad deels zelfvoorzienend was (Sangers 1952: 38, 69). Appels en peren werden verhandeld op de Appelmarct, de westzijde van de gracht die nu het Vrouwjuttenland heet.[7] Ze werden voor een belangrijk deel aangevoerd uit de Betuwe. Stadskeuren uit het begin van de 16[de] eeuw die betrekking hebben op de markthandel noemen verder ook vijgen, rozijnen en pruimen die op de markt regelmatig te koop werden aangeboden.

Nederland stond bekend om zijn fruitteelt, waarbij sommige fruitsoorten jaarrond geproduceerd werden. De Florentijn Guicciardini merkt op dat Nederland veel fruit voortbrengt, maar dat de vruchten niet dezelfde smaak hebben als in Italië, omdat het niet warm genoeg wordt. Hoewel druiven wel in steden en dorpen groeiden, kwamen ze niet voor op het platteland (Sangers 1952: 69). Het Oude Vrouwenhuis had een wijngaard, zoals blijkt uit de boekhouding waarin kosten zijn opgenomen met betrekking tot "*snoeien en opbinden in de wijngaerd van het huis.*" (Van der Wiel 2000: 23) Aangezien bekend is dat beide huizen af en toe goederen uitwisselden, is het niet ondenkbaar dat de oude mannen ook iets van de druivenoogst meekregen. De meeste zuidvruchten, zoals druif/krent/rozijn, vijg, citrussoorten en andere vruchten die een warm klimaat vereisen, werden geïmporteerd uit het Mediterrane gebied.

De bewoners van het Oude Mannenhuis hoefden dus niet zonder fruit te zitten. Waarschijnlijk werd een deel van de fruitsoorten het hele jaar door gegeten. Hoewel fruit seizoensgebonden is, is het gezien de hoge concentraties suiker vaak uitstekend te drogen. Hierdoor bleef het fruit weken en zelfs maanden goed. Door de vruchten te verwerken, in de vorm van jam en siroop, bleven ze ook langer goed.

Groente

In en rond de stad werd voornamelijk warmoes geteeld op het *cooltuynlant*. De warmoes werd op marktdagen (donderdag en zaterdag) verhandeld op de Warmoesbrug in het centrum van de stad (bij de huidige Cameretten/Hypolitusbuurt). Volgens het zogenoemde *maanboek* van 1538 verhuurde de stad daar tien *warmoesstallen*. De diversiteit aan aangetroffen groenten is kleiner dan de hoeveelheid soorten die gedurende de Middeleeuwen en Vroeg-moderne tijd beschikbaar was. Zo is op een markttafereel van schilder Joachim Beuckelaer (Antwerpen 1534 – ca. 1574) te zien dat er veel groentesoorten te koop aangeboden werden (fig. 3). Zelfs deze marktstal biedt maar een fractie van de geteelde soorten aan. Uit historische kookboeken blijkt dat deze verschillende groentensoorten ook allemaal werden bereid. Recepten bieden suggesties voor het bereiden van verschillende soorten kool, sla, erwten, tuinbonen en peen, evenals wat te doen met knoflook, ui en prei. Dit alles viel onder de oud-Hollandse benaming warmoes.

Ondanks de hoeveelheid groenten die beschikbaar was, is maar een beperkt aantal soorten aangetroffen. Van de meerderheid van de groenten wordt namelijk blad, stengel of wortel geconsumeerd. Deze weke plantendelen laten zelden (herkenbare) sporen na in archeologische contexten. Ook wordt groente vaak gegeten voor de plant vrucht heeft gezet, waardoor aanwijzingen voor groenteconsumptie in de archeologie schaars zijn. Hier zou pollenonderzoek interessante aanvullingen aan het licht kunnen brengen (zie noot 6).

Kruiden en Specerijen

Van kruiden en specerijen werden daarentegen wel vaak de zaden en vruchten geconsumeerd (koriander, maanzaad en venkel) al werd ook vaak het blad gebruikt (koriander, munt, peterselie). In kookboeken worden dergelijke aromatische planten groene kruiden of vleeskruiden genoemd. Het begrip omvat allerlei kruiden die in Nederland groeien, zowel inheems als geïntroduceerd van elders, zoals karwij, kervel, komkommerkruid, laurier, munt en peterselie. Er zijn daarnaast verschillende planten met oliehoudende zaden die voor consumptie zijn gebruikt als smaakmaker. Denk hierbij aan lijnzaad, mosterd, koolzaad en raapzaad. Exotische soorten zijn paradijskorrel (West-Afrika), peper (India) en komijn (Midden-Oosten). Omdat verschillende kruiden en specerijen gegeten werden zonder zaden of vruchten achter te laten, zou pollenonderzoek wederom de soortenlijst aan kunnen vullen (zie noot 6).

De dagelijkse maaltijd, overige producten

Vlees

Uit de boekhouding van de rentmeester blijkt dat er naast graan en groenten ook dierlijke producten werden aangeschaft (tabel 1). Het archeozoölogisch onderzoek van Voldersgracht 21 heeft zich helaas uitsluitend gericht op de periode voor de totstandkoming van het Oude Mannenhuis, toen er vollers en looiers actief waren op het terrein (Van der Jagt 2013). Er zijn monsters voor archeozoölogisch onderzoek genomen uit diverse contexten die in gebruik waren in de periode 1411-1792, maar deze zijn gewaardeerd en niet geanalyseerd.[8] Daarom kan uitsluitend een algemeen beeld geschetst worden van het dierlijk aspect van het dieet. De beerputten bevatten botresten van rund, varken, vis, gevogelte en schaap/geit. In de monsters genomen voor het archeobotanisch onderzoek zaten daarnaast schelpen van mossel en enkele andere tweekleppigen, schubben, graten en botten van vis, en botmateriaal van kleine zoogdieren, waaronder enkele ribben en *talussen* of sprongbeenderen. Aanvullend specialistisch onderzoek kan dit beeld in de toekomst verder nuanceren en de soortenvariatie beter in beeld brengen.

Drank

Hoewel de waterkwaliteit van de Voldersgracht en de Vlouw verbeterde met het vertrekken van de vollers, was het water niet drinkbaar. Wel werd het gebruikt door de talloze brouwerijen in de stad, voor het maken van bier. De stad Delft kende in de 15^e en 16^e eeuw meer dan 100 bierbrouwerijen. Hoewel huisbrouwerijen gedurende de Middeleeuwen en Vroegmoderne tijd niet onbekend zijn, weten we dat het Oude Mannenhuis niet zijn eigen drank brouwde. Uit de rekeningen blijkt dat het bier centraal werd ingekocht en jaarlijks werd afgerekend bij de betreffende brouwer. Het betrof een grote hoeveelheid gewoon bier en een kleinere hoeveelheid luxe-bier. Mogelijk is dit speciale bier voor de vergaderingen van de heren bestuurders geweest. Wijn werd ook gedronken, zoals blijkt uit de rekeningen. In hoeverre de wijngaard van het Oude Vrouwenhuis de voorraad van beide Huizen aanvulde, is niet bekend.

Gevarieerd eten

Op basis van de overgeleverde rekeningen is een basisoverzicht geschetst van de dagelijkse maaltijd, althans de ingrediënten van de maaltijd, en deze is door middel van het archeobotanisch onderzoek aangescherpt. Allereerst blijkt door middel van het archeobotanisch onderzoek dat de bewoners van het Oude Mannenhuis wel degelijk gevarieerd aten, iets wat op grond van uitsluitend de historische bronnen niet duidelijk in beeld kwam. Naast de tarwe en erwten vermeld in het register, stonden er verschillende groenten (warmoes) en fruitsoorten op het menu. Deze werden op smaak gebracht met kruiden en (exotische) specerijen. De meeste van deze ingrediënten moeten zijn aangekocht, bij gebrek aan een grote tuin waar dergelijke producten konden worden verbouwd. Opvallend is dat het dieet van de mannen, op basis van de aangetroffen zaden en vruchten, in de loop van de tijd (300 jaar) waarschijnlijk nauwelijks veranderde. Wel nam het aanbod van voedselproducten uit overzeese gebieden alleen maar toe tijdens de Middeleeuwen en Vroegmoderne tijd. Hierdoor nam de prijs van exotische producten over het algemeen af en kon meer worden gekocht. Echter, de verwachte toename in (exotische) soorten is niet terug te vinden in de bestudeerde monsters. Een uitzondering daarop vormt de hoeveelheid aangetroffen rijst in vnr. 128 (1600-1700). Mogelijk was er wel degelijk een toename in (exotische) soorten beschikbaar voor de dagelijkse maaltijd, maar zijn deze niet duidelijk in beeld gekomen omdat uitsluitend onderzoek is verricht aan zaden en vruchten. Aanvullend pollenonderzoek én archeozoölogisch onderzoek kunnen hier wellicht helderheid en nuance brengen.

Dankwoord

Bij deze wil ik graag Kees van der Wiel bedanken voor zijn hulp bij het interpreteren van de historische bronnen. Ook wil ik graag Marcello de Vos en Giulia Pulicati bedanken voor hun bijdrage aan het analyseren van enkele archeobotanische monsters.

What's for dinner at the Oude Mannenhuis?

This paper focuses on providing a nuanced picture of the daily meal consumed at the Oude Mannenhuis, an almshouse for elderly men in Early Modern Delft (1411-1792). It aims to do so by combining historical documents dealing with food-purchase orders and archaeobotanical macro remains taken from the cesspits. The historical documents, written by the steward, suggest a frugal and monotonous diet, which appears to be incomplete as it lacks generic food items such as fruit, vegetables, herbs and spices known to have been consumed during the medieval and Early Modern periods. Yet the additional archaeobotanical data shows that at least 43 edible plant species were consumed by the residents of the Oude Mannenhuis. Most of these species are indigenous and were probably grown within and around the town of Delft, though some exotic species were also present. This combined research shows a more nuanced picture of the daily menu consumed by the elderly men of the Oude Mannenhuis.

Noten

1. Rijksuniversiteit Groningen, Groninger Instituut voor Archeologie, Poststraat 6, 9712 ER Groningen, m.m.a.hondelink@rug.nl.
2. Opgemerkt moet worden dat er diverse wilde planten bestaan die wel degelijk gebruikt kunnen zijn voor consumptie. Denk hierbij aan de bladeren van zuring en paardenbloem die wel in salades werden gebruikt. Daarnaast zijn giftige wilde planten buiten beschouwing gelaten, zoals zwarte nachtschade en wilde akelei. Ook deze planten kunnen geconsumeerd zijn, in kleine doseringen, als medicijn.
3. Meelvruchten is de overkoepelende term voor vruchten waar meel van kan worden gemaakt. Het omvat granen (tarwe, gerst, rogge, haver, rijst en gierst) maar ook boekweit, een soort die strikt gesproken niet tot de granen behoren maar wel gebruikt werd om meel van te maken.
4. Persoonlijke opmerking Jan de Vries (Emeritus hoogleraar Geschiedenis, University of California Berkeley).
5. Het zou makkelijker te verteren zijn dan bijvoorbeeld roggebrood, het soort brood dat veel werd gegeten door de meeste mensen.
6. Pollenonderzoek, hier helaas niet uitgevoerd, kan helpen. In het geval van het pollen van eetbare plantensoorten in een archeologische context die één-op-één in verband wordt gebracht met voedselconsumptie, wordt aangenomen dat het pollen wel wijst op consumptie van de betreffende soort.

7. http://www.achterdegevelsvandelft.nl (geraadpleegd op 11-05-2018).
8. Interne database in beheer van Archeologie Delft, opgesteld door I.M.M. van der Jagt.

Literatuur

Bekkers, L., 2012. *Het Oude Mannenhuis: Archeologisch onderzoek naar een middeleeuws bejaardenhuis in Delft.* Universiteit Leiden. (Bachelorscriptie, ongepubliceerd).

Blankaart, S., 1684. *Verhandelinge van de opvoedinge en ziekten der kinderen: vertoonende op wat wyse de kinderen gezond konnen blyven, en ziek zijnde, bequamelyk konnen hersteld werden.* Amsterdam.

Bult, E.J., 1992. *IHE Delft prospers on a cesspit: archaeological research between Oude Delft and Westvest / IHE Delft bloeit op een beerput: archeologisch onderzoek tussen Oude Delft en Westvest.* IHE & Dienst stadsontwikkeling Delft.

Bult, E.J., 2004. *Programma van Eisen, Definitief Archeologisch Onderzoek op de plaats van de voormalige Vermeerschool, Voldersgracht 21.* Delft, Archeologie Delft (intern rapport).

Haaster, H. van, 2008. *Archeobotanica uit 's-Hertogenbosch. Milieuomstandigheden, bewoningsgeschiedenis en economische ontwikkelingen in en rond een (post)middeleeuwse stad* (Groningen Archaeological Studies 6). Groningen, Barkhuis.

Jagt, I.M.M. van der, 2013. *Dierlijke resten Voldersgracht 21* (Lab-Rapport 29). Leiden, Stichting LAB (niet gepubliceerd).

Nusselder, E.J., 1979. Het Oude Mannen- en het Vrouwenhuis. In: R.A. Leeuw (red.), *De stad Delft. Cultuur en maatschappij tot 1572.* Delft, Stedelijk museum het Prinsenhof, 72-74.

Sangers, W.J., 1952. *De ontwikkeling van de Nederlandse tuinbouw tot het jaar 1945.* Zwolle, W.E.J. Tjeenk Willink.

Scappi, B., 1570. Opera dell'arte del cucinare. Herdruk verzorgd door Scialona. I. & J. Freud, 2015. *Koken voor kardinalen. Het kookboek van de renaissance.* Amsterdam, Athenaeum-Polak & Van Gennep.

Wiel, K. van der, 2000. *Van oude mensen en dingen die voorbij gingen. Geschiedenis van het tehuis aan de Papenstraat (1411-2000).* Delft, Stichting Huyse van St. Christoffel binnen Delft.

Winter, J.M. van, 1981. Nahrung auf dem Lobither Zollhaus, auf Grund der Zollrechnungenn aus dem Jahren 1426-27, 1427-28 und 1428-29. In: T.J. Hoekstra, H.L. Janssenn & I.W.L. Moerman (red.), *Liber Castellorum, 40 variaties op het thema kasteel.* Zutphen, Kasteel, 338.

Archeologie in musea: een passend verleden voor de Sami?

Mathilde van den Berg[1]

"Wie het verleden beheert, regeert de toekomst; wie het heden regeert, beheert het verleden". Het bekende citaat van George Orwell uit zijn dystopische roman *1984* is niet enkel fictie. Cultureel erfgoed en musea zijn in staat om een identiteit te creëren, in plaats van deze alleen te definiëren (Magga 1995: 16). Bovendien zijn musea, en hoe archeologie in musea wordt gebruikt, een product van onze hedendaagse maatschappij en niet louter objectieve reflecties van kennis (Merriman 1999: 4). Dat geldt ook voor de beelden die worden gepresenteerd van inheemse groepen in een museum. Deze beelden hebben consequenties voor de publieke en politieke attitudes ten opzichte van deze groepen (Damm 2005). Dit is ook het geval voor de Sami.

De Sami zijn een bevolkingsgroep woonachtig in het noorden van Noorwegen, Zweden en Finland. Hoewel tegenwoordig maar een kleine groep van de Sami rendieren hoedt en nomadisch is, worden zij vooralsnog veelal hiermee geassocieerd (Spangen *et al.* 2015). Ook zijn er veel culturele waarden verbonden aan het rendierhoeden en het leven van herders; voor de Sami en de buitenwereld is het hoeden van rendieren een sterk etnisch kenmerk en een teken van 'Samiheid' (Webb 2006). Dit komt waarschijnlijk doordat rendieren tot de Tweede Wereldoorlog het belangrijkst waren in het levensonderhoud van de Sami (Webb 2006). Uit historische bronnen weten we echter dat hun bestaan vaak gebaseerd was op visserij, jacht, akkerbouw, veeteelt en het hoeden van rendieren op kleine schaal.

De hedendaagse Sami zijn goed geïntegreerd in de samenlevingen van de landen waarin ze nu leven, zijn goed opgeleid, hebben een lage mate van werkeloosheid en hoge levensstandaarden (Spangen *et al.* 2015). Niettemin bestaan er nog steeds geschillen aangaande de algemene acceptatie van de identiteit en culturele expressie van Sami en hun recht op zelfbeschikking en landgebruik. Dit heeft zijn oorsprong in de eeuwen van actieve culturele onderdrukking van de Sami-identiteit en juist de actieve culturele expressie van de meerderheidsbevolking van de naties waarin zij leven (Spangen *et al.* 2015).

Musea en de artefacten die zij tentoonstellen spelen vanaf de jaren zeventig van de 20ste eeuw een actieve rol in de creatie van kennis en identiteit van de Sami. Musea hebben een grote impact op hun inheemse cultuur, en hebben ook aspecten van de Sami gemeenschap en hun wereldbeeld veranderd (Webb 2006). Dit artikel analyseert de manier waarop meerderheidsmusea (musea gerelateerd aan de landen waarin de Sami wonen) en minderheidsmusea (beheerd door de Sami) informatie en kennis verstrekken over het verleden van de Sami, met een focus op de rol die archeologie hierin speelt. Ik ga in op de vraag hoe archeologie wordt gebruikt in meerder- en minderheidsmusea aangaande beeldvorming van de Sami en hun verleden.

Veranderlijk vs. onveranderlijk

Een veelvoorkomende worsteling in de beeldvorming van inheemse groepen is de keuze tussen het neerzetten van een 'onveranderlijke', of juist een 'veranderlijke' cultuur. Beide benaderingen kunnen een grote impact hebben op de politieke situatie van de minderheidsgroep in kwestie. Na een veelal geforceerde assimilatie van een inheemse groep van tientallen of honderden jaren, kan het neerzetten van een onveranderlijke cultuur een werktuig worden in de handhaving van cultureel onderscheid tussen de inheemse groep en de meerderheidsbevolking. Dit kan noodzakelijk worden geacht om zichtbaar te worden, aandacht te vragen voor hun sociale en economische situatie, en om een beroep te doen op gelijke rechten (Damm 2005). Dit is ook wel wat Olsen (2003) het gebruik van 'emblematische' tekens noemt. Inheemse groepen kunnen zoveel gaan hangen op het stereotype, in dit geval 'Samiheid', dat wanneer dit stereotype beeld niet gevonden wordt, mensen van de minderheidsgroep niet als inheems worden beschouwd (Olsen 2003).

Met andere woorden: het neerzetten van een 'onveranderlijke' cultuur biedt meer politieke zekerheid, maar heeft als nadeel dat 1) leden van de inheemse groep als relicten uit het verleden worden neergezet, en 2) er geen ruimte is voor culturele heterogeniteit binnen dit stereotype. Het neerzetten van een 'veranderlijke' cultuur biedt meer inclusiviteit en waarheidsgetrouwe representatie van de inheemse cultuur uit beide het verleden en het heden, maar heeft als groot nadeel dat de inheemse groep minder beroep kan doen op haar onderscheidend vermogen voor politieke doeleinden.

Musea en de Sami

In het licht van de veranderlijke vs. onveranderlijke cultuur, is het interessant te onderzoeken hoe de Sami zichzelf en hun verleden neerzetten. Een medium waarin het verleden én het heden gepresenteerd worden, zijn musea. Pas recentelijk is erkend dat musea niet alleen kennis reflecteren (Merriman 1999: 4; Webb 2006), maar ook actieve producenten zijn van (sociale) kennis en de communicatie van ideeën (Moster 2010).

In de context van de Sami spelen musea en de artefacten die zij tentoonstellen een actieve rol in de creatie van kennis en identiteit, en zijn vanaf de jaren 70 een belangrijke speler in het creëren van 'Samiheid'. Musea hebben een grote impact op hun inheemse cultuur en hebben ook aspecten van de Samigemeenschap en hun wereldbeeld veranderd (Webb 2006). Dit maakt musea een zeer geschikt podium om de kwesties rondom de representatie en perceptie van de Sami beter te onderzoeken.

In Noorwegen, Finland, en Zweden zijn er zowel meerder- als minderheidsmusea. De meerderheidsmusea zijn gerelateerd aan de landen waarin de Sami wonen en worden gerund door de meerderheidsbevolking. De minderheidsmusea zijn vaak kleinere regionale musea die volledig gerund worden door leden van de Samigemeenschap. Deze verschillende manieren waarop deze musea de Sami neerzetten, kunnen worden vergeleken.

Recentelijk zijn er twee papers gepubliceerd over de representatie van de Sami in huidige musea. Levy (2006) onderzocht vier nationale en regionale meerderheidsmusea uit de grote steden, en drie musea die door de Sami zelf beheerd worden. De meerderheidsmusea waren het Nationale Museum van Finland in Helsinki, het Museum van Noord Ostrobothnia in Oulu, Finland, Het Nationale Museum van Oudheden in Stockholm, Zweden, en het Nordisch Museum in Stockholm. De onderzochte musea die door de Sami worden beheerd zijn het Siida Sami Museum in Inari, Finland, het Ajtte Zweedse Berg en Sami Museum in Jokkmokk, Zweden, en het Sami Museum in Karasjok, Noorwegen.

Webb (2006) onderzocht vijf Samimusea en analyseerde de collecties in de Sami Collecties (die door Levy het Sami Museum wordt genoemd) in Karasjok, het Varanger Sami Museum in Varangerbotn, Noorwegen, het Siida Sami Museum, het Ajtte Zweedse Berg en Sami Museum, en het Kautokeino Museum in Kautokeino, Noorwegen. In de volgende paragraaf ga ik in op hoe de Sami worden neergezet in de hierboven genoemde musea en hoe archeologie wel of niet gebruikt wordt om een beeld van hen te schetsen. Vervolgens zet ik de contrasterende en corresponderende boodschappen van de Sami- en meerderheidsmusea uiteen. Ik betrek het Siida museum niet in mijn analyse, omdat over dit museum niet genoeg informatie beschikbaar was om het betekenisvol te analyseren.

Meerderheidsmusea

In Helsinki worden de Sami enkel zijdelings genoemd in de tentoonstelling over de prehistorie en wordt de beperkte tijdsperiode waarin zij aanwezig zijn, namelijk van ongeveer de 18de tot de 20ste eeuw, benadrukt, waarbij het verslag meer etnografisch is dan historisch. De tentoonstelling over de cultuur van de Sami is op een andere verdieping dan de tentoonstelling over de prehistorie. In de afdeling over de IJzertijd worden de Vroege Sami IJzertijd en de Late Sami IJzertijd kort genoemd, waarbij verteld wordt dat er niet veel over bekend is. Behalve dit wordt er niet meer informatie geleverd en wordt er ook niet duidelijk gemaakt of er artefacten zijn die in verband staan met de Sami. Er is één geval waarbij een valkuilsysteem wordt genoemd dat voor de rendierjacht gebruikt werd. Alhoewel dit volgens de eerste schriftelijke documentatie de Sami waren, wordt er in het museum niet genoemd wie met dit systeem jaagde. Ook worden er enkele Samikostuums tentoongesteld, maar niet in dezelfde galerij die over de geschiedenis van de Finnen gaat. De *kota*, de tent van rendierhuiden die de Sami gebruiken tijdens hun migraties, wordt midden in de tentoonstellingsruimte tentoongesteld en geeft de Sami weer als rendierhoeders (Levy 2006).

In Oulu en in het Nationale Museum van Oudheden in Stockholm zijn de Sami volledig buiten het nationaal-historische verhaal gelaten. In het Nationale Museum van Oudheden worden de Sami niet genoemd in de galerijen over de Bronstijd en de IJzertijd. In het Nordisch Museum in Stockholm worden ze in een etnografisch heden geplaatst dat statisch lijkt door de Sami weer onveranderlijk met rendieren te verbinden. En ook in Oulu worden de Sami helemaal niet vermeld in de tentoonstellingen over de prehistorie; de exhibitie over de Samicultuur bevindt zich op een andere verdieping. Hierin wordt een beperkte tijdsperiode van Samische aanwezigheid benadrukt die meer etnografisch dan historisch is, namelijk van ongeveer de 18de tot de 20ste eeuw. Ook worden in alle musea *kota's* tentoongesteld, zodat de Sami onlosmakelijk verbonden lijken met het hoeden van rendieren (Levy 2006).

Minderheidsmusea

In Ajtte krijgen de Sami enigszins tijddiepte. De tentoonstellingsruimtes vormen een beeld van een onveranderlijke Samicultuur, maar ook de ontwikkelingen worden besproken. Dit gebeurt onder andere door het plaatsen van menselijke beelden in een rij, waarin het eerste beeld een mesolithische visser moet voorstellen en het laatste een moderne Sami (Levy 2006; Webb 2006). Ook zijn de muren in een kamer beschilderd met rotskunstmotieven. Ajtte heeft een tentoonstelling genaamd *Laponia Heritage*, waar prehistorische voorwerpen worden vergeleken met Samivoorwerpen met vermoedelijk dezelfde functie. Hiermee suggereert het museum dus duidelijk continuïteit (Webb 2006). Ajtte is het enige Samimuseum dat een Sami sjamaantrommel in zijn tentoonstelling heeft, en brengt ook de inbezitneming van deze voorwerpen door kolonialisten onder de aandacht (Webb 2006).

In het Kautokeino Museum, met betrekking tot archeologie, is er een reproductie van een prehistorische boot en een vuurstenen pijlpunt met een heft (Webb 2006). In Karasjok zijn afbeeldingen van rotstekeningen en symbolen van Samitrommels op de muren geschilderd, welke een continuïteit van de Samische bezetting impliceren van de prehistorie tot de moderne tijd. Er worden slechts een paar (traditionele) artefacten tentoongesteld met weinig schriftelijke informatie (Levy 2006; Webb 2006).

In Inari worden prehistorische artefacten of reconstructies hiervan tentoongesteld, en deze worden duidelijk in verband gebracht met de Sami. Het museum in Inari is tegelijkertijd een natuurcentrum en sommige artefacten worden dan ook weergegeven als een kenmerk in het landschap.

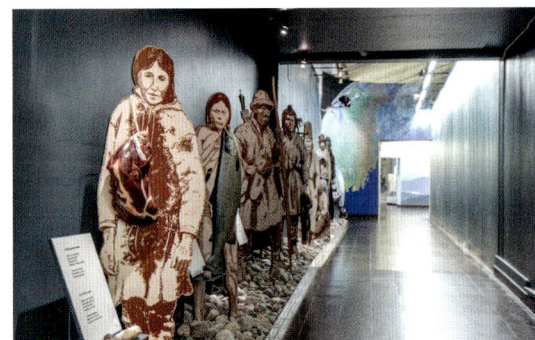

Fig. 1. De tentoonstelling in Karasjok is kenmerkend van hoe de Sami worden neergezet en zichzelf neerzetten: als rendierhoeders. De *kota*, een rendier, en een slede zijn aanwezig. (Foto afkomstig van Ajtte 2017).

Fig. 2. De menselijke beelden in Ajtte; van het Mesolithicum tot aan de Moderne Tijd. Dit geeft de Sami tijdsdiepte. (Foto afkomstig van TripAdvisor 2018).

De informatie over de prehistorie in Inari wordt echter wel op een cultuurhistorische wijze aangeboden: golven van binnendringende groepen worden in verband gebracht met veranderingen in materiële cultuur. Deze benadering staat haaks op de theorie dat de Sami etniciteit zich ontwikkelt zou kunnen hebben binnen Fennoscandinavië zelf (Webb 2006). Verder is de tentoonstelling thematisch en doet het voorkomen alsof de Samicultuur onveranderd is gebleven, tot aan de moderne tijd. Dit wordt duidelijk gemaakt door bijv. een sneeuwscooter aan een slee vast te binden, gevuld met moderne consumptiegoederen (Webb 2006).

In het Varanger Sami Museum is de tentoonstelling chronologisch, maar wordt thematisch gepresenteerd. Het begint met de eerste menselijke bezetting in de regio's, besteedt dan aandacht aan de Middeleeuwen en eindigt met het leven in de 18de en 19de eeuw van de Sami aan de kust. Hier wordt rendierenhoeden gepresenteerd als een afzonderlijk thema en het idee van verandering wordt opgeroepen door het naast elkaar plaatsen van voorwerpen van Sami vóór en na de jaren 1950 met betrekking tot het hoeden van rendieren. In Varanger is er een aanzienlijke weergave van prehistorisch archeologisch materiaal uit het gebied, zoals gereedschappen van botten en geweien, en aardewerkscherven en vuursteen. Het museum vermeldt ook niet expliciet dat het archeologische materiaal in het museum deel uitmaakt van het Samiverleden. Het suggereert echter wel dat er verbindingen zijn tussen de vroege bewoners van het gebied en de huidige Sami gemeenschap (Webb 2006).

Analyse

In alle Samimusea wordt hun geschiedenis en cultuur in nauw verband gebracht met de natuur en het klimaat van Lapland (Levy 2006; Webb 2006) (zie Tabel 1). De tentoonstellingen in de Samimusea zijn minder lineair dan de tentoonstellingen in de meerderheidsmusea. De lay-out van het museum in Ajtte heeft bijv. de vorm van een rendierkraal (Levy 2006). In hun musea verklaren de Sami zelf dat ze 'sinds mensenheugenis' in het gebied hebben gewoond (bijv. Mulk 1997: 10), en komt archeologie aan bod in de vorm van rotskunstmotieven, mesolithische mensbeelden, de trommel van de sjamaan, een prehistorische boot, en andere prehistorische voorwerpen.

Hiermee lijkt het op het eerste gezicht zo dat de tijdsdiepte van de Sami wordt bevestigd, maar dit wordt soms door andere delen van de exhibitie weer impliciet tegengesproken. In Inari wordt namelijk de ontwikkeling van de Samicultuur cultuurhistorisch voorgesteld, wat betekent dat de Samicultuur een gevolg is van binnendringende groepen waaraan de (proto-)Sami zich cultureel

Tabel 1. Een overzicht van de musea en de kenmerken van hun tentoonstellingen.

Museum	Archeologie	Prehistorie	Etnografisch	Sjamanisme	Nomadisme	Rendieren	Natuur	Vorm
Sami								
Ajtte	Ja	Ja		Ja	Ja, en kota's	Ja	Ja	Chronologisch
Inari	Ja	Ja, maar niet Sami	Ja		Ja, en kota's	Ja	Ja	Thematisch
Karasjok	Ja	Ja		Ja	Ja, en kota's	Ja	Ja	Thematisch
Kautokeino	Ja	Ja			Ja, en kota's	Ja	Ja	Thematisch
Siida					Ja, en kota's	Ja	Ja	Thematisch
Varanger	Ja	Ja	Ja		Ja, en kota's	Ja	Ja	Chronologisch en thematisch
Meerderheids								
Helsinki	Nee	Zijdelings genoemd	Ja		Ja, en kota's	Ja	Nee	
Oulu	Nee	Nee	Ja		Ja, en kota's	Ja	Nee	
Stockholm, Nordisch	Nee	Nee	Ja		Ja, en kota's	Ja	Nee	
Stockholm, NMO	Nee	Nee	Ja		Ja, en kota's	Ja	Nee	

assimileren, in plaats van dat de Sami etniciteit zich binnen Fennoscandinavië zelf ontwikkelde. Ook zijn de tentoonstellingen in Karasjok, Kautokeino, en Ajtte thematisch – in plaats van chronologisch – waardoor hun cultuur statisch en onveranderlijk lijkt. Bovendien worden de Sami in alle Samimusea onlosmakelijk verbonden met het hoeden van rendieren, door de *kota*, de sneeuwscooter, en rendieren te tonen.

In de meerderheidsmusea wordt archeologie nauwelijks gebruikt om de Sami tijdsdiepte of culturele heterogeniteit te geven. Ze worden veelal in een etnografisch verleden geplaatst en worden ook etnografisch weergegeven. Materiële cultuur die vanuit archeologisch perspectief als Sami wordt gezien, wordt binnen de meerderheidsmusea niet als zodanig erkend of in ieder geval niet expliciet gekoppeld. Archeologie speelt met betrekking tot de Sami dus een beperkte rol in de meerderheidsmusea, terwijl etnografie een prominente rol speelt. In de meerderheidsmusea worden dezelfde objecten gebruikt als in de Samimusea om de Sami te representeren, namelijk de sneeuwscooter, rendieren, en de *kota*.

In de besproken musea worden de Sami als 'onveranderlijk sinds het begin der tijden' weergegeven. Het gebrek aan archeologie in de meerderheidsmusea, de ondermijning van de heterogeniteit van de Samicultuur door hen weer te geven als rendierhoeders, de presentatie van een onveranderlijke Sami in de meerderheids- en Samimusea, en een thematische en/of non-lineaire weergave van de Samicultuur dragen alle bij aan het beeld dat de Samicultuur een statische entiteit is. Dit is deels te wijten aan het feit dat in het verleden de Sami relatief genegeerd werden in archeologisch onderzoek (Broadbent 2004) en dus werden gedefinieerd door etnologie en geschiedenis (Olsen 1994 geciteerd in Broadbent 2004). Anderzijds is dit toe te schrijven aan eigenaardige karakteristieken van de Samicultuur omtrent tijd, geheugenis en materieel erfgoed, die niet overeenkomen met de Westerse opvattingen van het verleden.

Tijd, geheugenis en materiële cultuur

De Sami hebben een andere zienswijze dan Westerse archeologen wat betreft de belevenis en rol van materiële cultuur. Ten eerste heeft een object zonder landschappelijke context voor hen minder betekenis, en ten tweede verdwijnen kenmerken en tradities (en kennis en betekenis van materieel erfgoed) uit het collectief geheugen als zij geen functie meer hebben. Bovendien staat het tijdsconcept van de Sami haaks op het Westerse tijdsconcept. Beide hebben grote gevolgen voor de verhaalstructuur van het Samiverleden: de Sami zetten hun cultuur voor een groot deel neer als statisch en onveranderlijk.

Webb (2006) en Levy (2006) merkten op dat de Samimusea erg gericht waren op de natuur en het landschap en dat de tentoonstellingen ook minder chronologisch en lineair zijn dan de meerderheidsmusea. Dit is toe te schrijven aan hun begrip van tijd en de manier waarop zij hun materieel cultureel erfgoed waarderen. Voorts bestaan er duidelijke ideeën over wat wel en niet als Sami moet worden beschouwd, ook al komt dat niet overeen met wat vanuit de archeologie Sami genoemd wordt.

In tegenstelling tot het Westerse lineaire tijdsbegrip, hebben de Sami van oudsher een circulair tijdsbegrip, dat dan ook als een ring wordt voorgesteld. Dit tijdsbegrip is gebaseerd op de terugkerende seizoenen en de hierbij behorende veranderende omgeving waarin praktische activiteiten rond jagen, vissen en het fokken van dieren zijn verankerd. Hoewel het christendom ook invloed heeft gehad op de Samicultuur, blijven de elementen van deze oude vorm van tijdsrekening nog bestaan (Norlander-Unsgaard 1987). Bovendien werd de tijd gemeten in relatie tot significante gebeurtenissen, zoals de jaarlijks terugkerende berenjacht of bronsttijd, die met de natuur te maken hadden. Norlander-Unsgaard (1987) noemt dit de ecologische tijdsrekening van de Sami. Dit heeft tot gevolg dat de tijd zoals waargenomen door de Sami geen schaal is en was, maar eerder een context; een ecologisch circulaire context die jaarlijks terugkeert. Hieruit volgt dat er geen oud of ver verleden is, maar eerder een geschiedenisparallel met betrekking tot de hedendaagse wereld (Bergman 2006).

Bovendien heerst er een gemeenschappelijk beeld bij de Sami dat losse cultuurhistorische objecten minder belangrijk zijn om te behouden dan de relaties tussen culturele elementen en het landschap. Zonder de setting van het landschap gaat de betekenis en significantie van dat object dat tentoongesteld wordt in een museum of op een andere locatie, of zelfs misschien enkel toegankelijk gemaakt in het landschap voor een groter publiek, verloren of wordt verminderd. Deze zienswijze, namelijk met een sterkere nadruk op de plaats/ruimte in plaats van tijd/tijdperk, wijkt dus af van de heersende westerse zienswijze op cultureel erfgoed en archeologisch onderzoek (Falch & Skandfer 2004).

Bergman (2006) schrijft dat ze leden van de Samigemeenschap ontmoette die bepaalde oude overblijfselen niet relateerden aan hun cultuur, terwijl ze dat vanuit een archeologisch perspectief wel zijn. Een illustratie hiervan zijn grote rijen rechthoekige haarden met steenvullingen die variëren van de Late IJzertijd tot de Vroege Middeleeuwen. Oudere informanten ontkennen dat ze van oorsprong Sami waren, omdat 'Sami nooit zulke haarden hebben gebouwd' (Bergman 2006: 156). Hetzelfde geldt voor de valkuilen die werden gebruikt vanaf het Mesolithicum tot de 17de eeuw voor het jagen op rendieren en elanden. Zelfs op een mythologisch niveau weten de oudere informanten geen enkele traditie gerelateerd aan deze kenmerken (Bergman 2006).

Kenmerken en tradities die zijn vervangen en niet meer worden gebruikt, verdwijnen blijkbaar uit het collectieve geheugen. Er zijn duidelijke ideeën over wat wel en niet als Sami moet worden beschouwd. Volgens Bergman (2006) is dit een weerspiegeling van een statische, onveranderlijke en in zekere zin tijdloze Samicultuur. In deze context lijkt het niet meer dan logisch dat Sami zichzelf presenteren als statisch en tijdloos. Eenmaal verdwenen uit het sociale geheugen verliezen tradities en functies hun betekenis. Het Varanger Museum is zelfs door enkele Sami bekritiseerd vanwege de weergave van prehistorische culturele overblijfselen. Sommigen zijn van mening dat een Samimuseum deze periode (van het verleden) niet in beschouwing zou moeten nemen. Hoewel het museum niet expliciet vermeldde dat er een verband bestaat tussen het prehistorische materiaal uit de regio en de hedendaagse Sami, suggereerde ze het impliciet door het in het museum te plaatsen (Webb 2006).

Evenzo werden in het Nationale Museum van Finland in Helsinki de valkuilen die werden gebruikt voor de rendierjacht niet expliciet aan de Sami gekoppeld. In het licht van de kritiek op het Varanger museum lijkt dit geen nalatigheid te zijn geweest. In het geval van Varanger bestaan er tegenstrijdige ideeën binnen de Samigemeenschap over wat belangrijk is om te laten zien over de Samicultuur, en over wat als Sami moet worden beschouwd. Gelijkerwijs kunnen er tegenstrijdige ideeën bestaan tussen leden van de Samigemeenschap en archeologen.

De Sami- en meerderheidsmusea maken dus beide gebruik van een emblematische en onveranderlijke Sami, die deels lijkt voort te komen uit het cultuurbegrip van de Sami zelf. Dit heeft gevolgen voor hoe het publiek én de Sami hun cultuur (gaan) zien. Binnen de musea wordt de moderne Sami gedefinieerd als rendierhoeder en worden ze etnografisch weergegeven, als relicten uit het verleden. De sneeuwscooter is echter ook belangrijk materieel in de tentoonstellingen, en dat geeft wat modern tegenwicht. Maar hoe past archeologie in het verhaal van de Sami?

Westers archeologisch onderzoek en dissociatie

Er bestaan meerdere tegenstellingen tussen de essentie van archeologisch onderzoek en wat daarmee wordt neergezet, en hoe de Sami hun (materiële) cultureel erfgoed zien. Zoals in de vorige paragraaf besproken is, werkt archeologie ten eerste met een chronologische tijdsvolgorde, wat in contrast staat met het circulaire tijdsbegrip van de Sami. Ten tweede duidt archeologie etniciteit aan de hand van materiele cultuur, en dat is erg eenzijdig. Zij legt focus op de materiële cultuur waarvan, vanuit wetenschappelijk oogpunt, wordt vastgesteld of dat wel of niet tot Sami behoort, terwijl de Sami zichzelf daar niet altijd in herkennen. Ten derde haalde de archeologie in het verleden en haalt een groot deel van de archeologie van het heden het materieel erfgoed uit zijn oorspronkelijke context door opgraving, hoewel de Sami juist waarde hechten aan het materieel erfgoed *in* het landschap (hedendaagse technieken kunnen hier weliswaar een uitkomst bieden).

Is archeologie dan wel een geschikt instrument voor het communiceren van de Samiidentiteit(en) en haar verleden? Een cultuur representeren die zichzelf niet in de archeologische objecten of wetenschappelijke kennis herkent, heeft te maken met de westerse notie van authenticiteit, en kan leiden tot dissociatie. Ons idee van authenticiteit (wetenschap) wordt belangrijker gevonden in het toekennen van culturele waarde aan erfgoed. De wetenschappelijke focus ligt op tastbare dingen en op de kenmerken van materiële bewijzen (Andrews & Buggey 2008), en vertrouwt vooral de materiële waarneembare wereld in plaats van de spirituele en experiëntiële wereld (Atalay 2006). Dit komt niet altijd overeen met opvattingen over het verleden door inheemse gemeenschappen.

Het proces van dissociatie maakt van het verleden een archeologisch geconstrueerd verleden, dat betrekking heeft op de opvatting dat we alleen via archeologische inzichten het verleden kunnen kennen, door het gebruik van westerse wetenschappelijke methoden (McNiven & Russell 2007: 7). Dit kan doorgaan tot het punt dat één systeem van kennis (archeologie) een ander alternatief systeem van kennis aantast en onderdrukt, bijv. inheemse kennis over het verleden (Gero 1989: 97).

Het is dus zeer twijfelachtig of we kunnen spreken van traditioneel archeologisch onderzoek als representatie van de 'inheemse geschiedenis' (bijv. Damm 2005). Er zijn ook andere dragers van het verleden. Zoals in het geval van de Sami hun orale geschiedvertellingen, mythen, sagen, en hun visie op en verhalen over het landschap. Musea zouden er goed aan kunnen doen de velden buiten etnografie en archeologie te verkennen. Bovendien zijn er buiten musea ook nog andere media om een cultuur kenbaar te maken: denk aan films en games, waarbij de kijker of speler verbonden wordt met datgene wat hij of zij te zien krijgt op een mogelijk diepere manier dan met traditionele musea en tentoonstellingen. Bij deze films en games komt ook kijken wat in de orale vertellingen van de Sami zo belangrijk was voor het doorgeven en onthouden ervan: een goed verhaal.

A Sami past

The Sami are still struggling for general acceptance of their identity and cultural expression. They are the indigenous population of Fennoscandia, and although now mostly associated with reindeer herding, historically their subsistence was based mostly on fishing, hunting, agriculture, animal husbandry, and only small-scale reindeer herding. In this paper it is probed how contemporary majority and Sami museums convey information about the Sami and their past, with a special focus on the role of archaeology. This is important because museums have an active role in the creation of knowledge and identity. There are several discrepancies between what archaeology is and can present, and how the Sami see their culture and past. Archaeology works with linear time, and focuses on material culture that is, landscape-wise, taken out of context. By contrast, Sami culture emphasizes the importance of material culture within the landscape, feels affiliated with circular time and nature, and does not accept all material culture that archaeology classifies as Sami. In the case of the Sami, archaeology is a less-than-ideal way to communicate about their past and culture.

Noten

1. Groninger Instituut voor Archeologie, Poststraat 6, 9712 ER Groningen, mathilde.van.den.berg.1@gmail.com.

Literatuur

Ajtte 2017. Tidens gang. (http://www.ajtte.com/utst/tidens-gang).

Andrews, T.D. & S. Buggey, 2008. Authenticity in aboriginal cultural landscapes. *APT Bulletin* 39:2/3, 63-71.

Atalay, S., 2006. Indigenous archaeology as decolonizing practice. *American Indian Quarterly*, 30:3/4, Special Issue: Decolonizing Archaeology, University of Nebraska Press, 280-310.

Bergman, I., 2006. Indigenous Time, Colonial History: Sami Conceptions of Time and Ancestry and the Role of Relics in Cultural Reproduction, *Norwegian Archaeological Review* 39:2, 151-161.

Broadbent, N.D., 2004. *Sami prehistory, identity and rights in Sweden*. Paper given at the Northern Research Forum, Yellowknife.

Damm, C., 2005. Archaeology, Ethno-history and Oral Traditions: Approaches to the Indigenous Past, *Norwegian Archaeological Review* 38:2, 73-87.

Falch, T. & M. Skandfer, 2004. Sami cultural heritage in Norway: Between local knowledge and the power of the state. *Northern ethnographic landscapes: Perspectives from circumpolar nations*, 356-375.

Gero, J., 1989. Producing prehistory, cotroling the past: The case of New England beehives. In: V. Pinsky & A. Wylie (red.), *Critical Traditions in Contemporary Archaeology*, Cambridge: Cambridge University Press, 96-103.

Levy, J.E., 2006. Prehistory, Identity, and Archaeological Representation in Nordic Museums. *American Anthropologist* 108:1, 135-147.

Magga, O.H., 1995. Museums and cultural diversity: indigenous and dominant cultures. *Proceedings of the XVIIth International Council of Museums General Conference on 'Museums and Communities'*, Stavanger, Norway, ICOM, 16-18.

McNiven, I.J. & L. Russell, 2005. *Appropriated Pasts: Indigenous Peoples and the Colonial Culture of Archaeology*. Lanham: AltaMira Press.

Merriman, N., 1999. Introduction. In N. Merriman (red.), *Making early histories in museums*, London and New York, Leicester University Press, 1-11.

Moster, S., 2010. The devil is in the detail: Museum displays and the creation of knowledge. *Museum Anthropology* 33:1, 22-32. The American Anthropological Association.

Mulk, I.M., 1997. *Sami Cultural Heritage in the Laponian World Heritage Area*. Jokkmokk, Sweden: Ajtte, Swedish Mountain and Sami Museum.

Norlander-Unsgaard, S., 1987. On time-reckoning in old Sami culture. Sami Religion. Based on Papers read at the Symposium on Sami Religion held at Abo, Finland, on the 16th – 18th of August 1984. In: T. Ahlbäck (red.), *Saami religion*. Stockholm, 81–93.

Olsen, B., 1994. *Bosetning og samfunn i Finnmarks forhistorie*. Universitetsforlaget, Oslo.

Orwell, G., 1949. *1984*. New York: Signet Classic.

Spangen, M., A.-K. Salmi & T. Äikäs, 2015. Sámi archaeology and postcolonial theory – An introduction. *Arctic Anthropology* 52:2, University of Wisconsin Press, 1-5.

TripAdvisor, 2018. De Samiske samlinger – Saami museum in Karasjok: culture historical exhibition. (https://www.tripadvisor.com/LocationPhotoDirectLink-g668798-d8378795-i208779498-De_Samiske_Samlinger_Saami_museum_in_Karasjok-Karasjok_Karasjok_Municipa.html).

Webb, S., 2006. Making museums, making people: the representation of the Sámi through material culture. *Public Archaeology* 5:3, 167-183.